Dr. Oetker

Torten Couture

Dr. Oetker

Torten Couture

Sie backen gern …

und haben schon ein bisschen Erfahrung, aber Sie wollen den Look Ihrer Torten modernisieren und verfeinern. Dann sind Sie hier richtig.

Hier geht es um die Optik Ihrer Torten. Wir zeigen Ihnen, wie Sie durch Bestäuben und Bestreuen, mit Buttercreme und Sahne, mit Zuckerteig oder Glasuren, mit Marzipan, Karamell oder Schokolade Ihre leckeren Torten „aufhübschen" können.

Torten-Couture liegt in einer neuen verbesserten Auflage vor. Noch mehr Vorschläge, noch mehr Step-Fotos, größere Bilder und alles auf den neuesten Stand gebracht.

Werden Sie Tortenkünstlerin und lassen Sie sich für Ihre gelungenen Kreationen loben.

Viel Spaß beim Ausprobieren!

8-11 Werkzeuge und Zutaten

12-17 Grundrezepte

18-23 Rollfondant oder Zuckerteig

24-27 Zuckerblüten und -früchte

28-29 Bestreuen mit buntem Zucker

30-35 Icing oder Blütenbaiser

36-43 Bestreuen

44-47 Bestäuben

48-55 Glasuren

56-61 Spritzguss

62-71 Buttercreme

72-79 Karamell

80-85 Schokolade

86-93 Marzipan

Für ein gutes Gelingen sind in der Küche die richtigen Arbeitsmaterialien unerlässlich. Die Tricks und Zaubereien, die wir Ihnen hier vorstellen, werden auch Ihnen gelingen, wenn Sie die richtigen Werkzeuge benutzen. Die wichtigsten Geräte und Zutaten, vom Rollholz bis zum Blattgold, haben wir hier für Sie zusammengestellt.

*D*ie bekannteste aller Modelformen ist das „Springerle"-Model. Mit ihr werden die Figuren und Formen in den Teig gepresst. Mit Hilfe der Spritztüllen können Sie eine schlichte Torte in ein optisches Kunstwerk verwandeln – mit kleinsten Verzierungen, mit Blüten, Blättern oder Girlanden – Ihrer Fantasie sind keine Grenzen gesetzt. Rosen werden mit der Hand – Blatt für Blatt – zur schönsten Blüte modelliert und mit den Blütenausstechern werden Sie schnell Ihre Tortenkreation mit einer Vielfalt von verschiedenen Blumen verzaubern.

Ausstecher gibt es heute für jede Feier und jeden Anlass. Die Möglichkeit auf schnelle Weise einen Keks, als Mitbringsel, als Platzkarte oder als Verzierung einer Torte zu gestalten, sorgt immer wieder für Überraschungen. Ausstecher gibt es für alle Jahreszeiten, von der Schneeflocke bis zum Schmetterling.

Zum Bestreuen und Dekorieren gibt es ein großes Angebot verschiedenster Artikel. Die klassischen Materialien wie Zuckerperlen oder Zuckerstreusel sind heute um farbigen Dekorzucker oder hauchfeinen Glitterzucker und vieles mehr ergänzt worden. Aber auch technische Materialien, die für die Dekorationen in diesem Buch notwendig sind, haben wir hier abgebildet, von Blütenpollen bis Blattgold.

Früchtekuchen ist mehrere Wochen haltbar, kann also Tage vor dem Dekorieren zubereitet werden. Dieser Kuchen eignet sich besonders gut als unterer Kuchen für mehrstöckige Torten. Da er sehr fest ist, wird er nicht zusammengedrückt.

Mandelkuchen

Englischer Früchtekuchen

Englischer Früchtekuchen

ZUTATEN FÜR EINEN FLEXIBLEN TORTENRING (Ø 32 CM)

2 kg gehackte Trockenfrüchte nach Geschmack, z. B. Aprikosen, Orangeat, Sukkade, Rosinen, Korinthen, Ingwer, Cranberries, Belegkirschen
100 ml Weinbrand
500 g weiche Butter
1 Prise Salz, 1 EL gemahlener Zimt
je 1 TL Muskatpulver, Nelkenpulver, Kardamompulver
600 g brauner Zucker, 3 EL Rübensirup
8 Eier (Größe L), 1 kg Weizenmehl
3 gestr. TL Dr. Oetker Backin

1. Backofen auf 180 °C (Ober-/Unterhitze) vorheizen.
2. Den Tortenring mit Backpapier auskleiden.
3. Trockenfrüchte und Weinbrand in eine große Schüssel geben. Vermischen und mindestens 1 Stunde ziehen lassen.
4. Die weiche Butter und die Gewürze in eine Rührschüssel geben. Mindestens 4 Minuten mit Handrührgerät mit Rührbesen sehr schaumig schlagen. Zucker und Rübensirup unterrühren.
5. Die Eier nach und nach zugeben.
6. Mehl mit Backpulver mischen, sieben und portionsweise unterheben.
7. Den Teig unter die marinierten Früchten mengen.
8. In den vorbereiteten Tortenring füllen und die Oberfläche glatt streichen.
9. In den vorgeheizten Backofen schieben und die Temperatur auf 150 °C (Ober-/Unterhitze) herunterschalten. Etwa 3 Stunden backen, nach 2 Stunden Backzeit den Kuchen mit Backpapier zudecken.

TIPP: Um sicher zu gehen, dass der Kuchen durchgebacken ist, Garprobe mit einem Holzspieß machen. Wenn nichts kleben bleibt, ist der Kuchen fertig.

Der Kuchen eignet sich für alle Backformgrößen.
Der Früchtekuchen geht beim Backen nicht besonders auf, daher kann man die Größe des Kuchens gut abschätzen. Je kleiner die Form, desto höher muss das Backpapier am Rand sein, damit der Teig nicht überläuft.

Die Backzeit für einen Backrahmen (32 x 25 cm) beträgt etwa 75 Minuten.

Nusskuchen vom Blech
Schokoladenmuffins
Baiser
Knetteigkekse
Zitronenkuchen

Schokoladenkuchen oder Schokoladenmuffins:

ZUTATEN FÜR 1 KUCHEN (Ø 24 CM) ODER 24 MUFFINS

250 g weiche Butter, 250 g Zucker, 6 Eier (Größe L), 50 g Kakaopulver
300 g Weizenmehl, 3 TL Dr. Oetker Backin, 100 g Schokoladenraspel

1. Den Boden einer Springform mit Backpapier belegen. Den Rand darauf feststellen. Oder 24 Muffinmulden mit Papierförmchen auslegen.
2. Den Backofen auf 180 °C (Ober-/Unterhitze) vorheizen.
3. Die weiche Butter in eine Rührschüssel geben und mit Handrührgerät mit Rührbesen geschmeidig rühren. Zucker unterrühren.
4. Die Eier nach und nach zugeben.
5. Kakaopulver, Mehl und Backpulver mischen, in 2 Portionen unter den Teig rühren.
6. Schokoladenraspel unterheben.
7. Teig in die Springform geben und bei 180 °C (Ober-/Unterhitze) 60–70 Minuten backen. Oder in Muffinförmchen füllen und bei 180 °C (Ober-/Unterhitze) etwa 25 Minuten backen.

Knetteig

ZUTATEN FÜR EINE TARTEFORM (Ø 30 CM) ODER FÜR ETWA 25 KEKSE

300 g Weizenmehl, 120 g Zucker, 1 Pck. Dr. Oetker Vanillin-Zucker
1 Ei (Größe L), 170 g kalte Butter

1. Mehl, Zucker und Vanillin-Zucker in eine Schüssel geben.
2. Das Ei zugeben.
3. Die Butter in Würfel schneiden und auf das Ei geben.
4. Alle Zutaten mit der Hand zu einem geschmeidigen Teig verkneten.
5. Evtl. den Teig in Klarsichtfolie einwickeln und etwa 30 Minuten kühl legen.

Wer den Teig mit den Knethaken des Handrührers zubereiten möchte, verwendet zimmerwarme Butter.

VARIANTE

Schokoladen-Knetteig

1 Esslöffel Kakaopulver und 1 Esslöffel fein gehackte Schokolade unterkneten.

Mandelkuchen oder Mandelmuffins

ZUTATEN FÜR 1 KUCHEN (Ø 24 CM) ODER 24 MUFFINS

250 g weiche Butter, 250 g Zucker, 10 Tropfen Bittermandel-Aroma, 1 TL gemahlener Zimt, 6 Eier (Größe L), 150 g abgezogene, gemahlene Mandeln, 350 g Weizenmehl, 3 TL Dr. Oetker Backin, 100 g gehackte, weiße Schokolade

1. Den Backofen auf 180 °C (Ober-/Unterhitze) vorheizen.
2. Den Boden einer Springform mit Backpapier belegen und den Rand darauf feststellen. Oder 24 Muffinförmchen mit Papierförmchen auslegen.
3. Die weiche Butter mit Handrührgerät mit Rührbesen geschmeidig rühren. Nach und nach Zucker unterrühren. Bittermandelöl und Zimt zugeben.
4. Die Eier nach und nach unterrühren.
5. Mandeln, Mehl und Backpulver mischen, in 2 Portionen unter den Teig rühren. Die gehackte, weiße Schokolade unterheben.
6. Teig in die vorbereitete Springform geben und bei 180 °C (Ober-/Unterhitze) etwa 70 Minuten backen. Oder in die Muffinförmchen füllen und bei 180 °C (Ober-/Unterhitze) etwa 25 Minuten backen.

Kokoskuchen

Das Rezept Mandelkuchen zubereiten. Statt der Mandeln 50 g Kokosraspel verwenden. Zimtpulver weglassen. Statt der weißen Schokolade kandierten, gehackten Ingwer unterheben.

Nusskuchen

Das Rezept Mandelkuchen zubereiten. Statt der Mandeln gemahlene Haselnüsse unterrühren, Zimtpulver weglassen. Die Haselnüsse können vor dem Verarbeiten im Backofen bei 180 °C (Ober-/Unterhitze) etwa 10 Minuten geröstet werden. Abgekühlt unter den Teig rühren.

Backzeiten und Temperaturen (für Schokoladen-, Mandel-, Kokos-, Nuss- und Zitronenteig)

Springform (Ø 26 cm): Den Rand mit doppelt gelegtem Backpapier auskleiden (etwa 12 cm hoch). Doppeltes Rezept zubereiten. In die Form füllen und bei 180 °C (Ober-/Unterhitze) etwa 105 Minuten backen.
Springform (Ø 18 cm): Den Rand mit doppelt gelegtem Backpapier auskleiden (etwa 12 cm hoch). Bei 180 °C (Ober-/Unterhitze) etwa 60 Minuten backen.
Backrahmen 25 x 25 cm: Den Teig bei 180 °C (Ober-/Unterhitze) etwa 60 Minuten backen.
Backblech 30 x 40 cm: Das Blech mit Backpapier auslegen und den Teig darauf glatt streichen. Bei 180 °C (Ober-/Unterhitze) etwa 25 Minuten backen.

Zitronenkuchen oder Zitronenmuffins

Das Rezept Mandelkuchen ohne Bittermandel-Aroma und Zimt zubereiten und 2 Päckchen Dr. Oetker Finesse Geriebene Zitronenschale unterrühren. Den abgekühlten Kuchen mit dem durchgesiebten Saft von 3 Zitronen tränken.

TIPP: Um kalte Butter schnell weich zu machen, sie ohne Verpackung einige Sekunden in die Mikrowelle geben (Die Butter darf nicht flüssig werden!). Oder in Würfel geschnitten bei schwacher Hitze anschmelzen.

Baiser

ZUTATEN

125 g Puderzucker, 10 g Speisestärke, 5 frische Eiweiß (Größe L – etwa 180 g), 150 g Zucker

1. Den Backofen auf 100 °C (Ober-/Unterhitze) vorheizen.
2. Ein Backblech mit Backpapier belegen.
3. Puderzucker sieben und mit Speisestärke mischen. Griffbereit halten.
4. Eiweiß in eine fettfreie Rührschüssel geben. 50 g Zucker zugeben und steif schlagen.
5. Übrigen Zucker hinzufügen und etwa 4 Minuten weiterschlagen, bis das Eiweiß sehr fest ist.
6. Die Puderzucker-Speisestärke-Mischung ohne Verzögerung untermischen.
7. Baiser auf das Backblech spritzen und bei 100 °C (Ober-/Unterhitze) – je nach Stärke – etwa 2 Stunden trocknen (Baiser darf nur blassgelb werden).

Mandelbaiser

100 g fein gemahlene Mandeln mit Puderzucker mischen. Unter die Eiweißmasse heben. Bei 180 °C (Ober-/Unterhitze) 15 Minuten backen.

Blütenbaiser (für 100 große Blüten)

ZUTATEN

2 Eiweiß (Größe L – 60 g), 60 g Zucker, 450–500 g gesiebter Puderzucker

1. Eiweiß und Zucker mit Handrührgerät mit Rührbesen etwa 4 Minuten steif schlagen.
2. Puderzucker etwa 2 Minuten unterschlagen.

TIPP: Sie können das Rezept auch halbieren. Sie können das Blütenbaiser auch durch Icing-Mix ersetzen.

Icing-Mix

Ein Zucker speziell für die Blütenherstellung. Das Icing-Mix nach Packungsanleitung zubereiten.

Buttercreme *Canache-Creme* *Aprikosenglasur* *Läuterzucker*

Einfache Buttercreme

Diese einfache Buttercreme kann mehrere Tage vor dem Verzehr zubereitet werden. Torten können so in aller Ruhe verziert werden.

ZUTATEN FÜR EINE TORTE (Ø 26 CM)

250 g weiche Butter, 400 g gesiebter Puderzucker, 4 EL gesiebter Zitronensaft

Die weiche Butter etwa 5 Minuten mit Handrührgerät mit Rührbesen weiß schaumig schlagen. Den Puderzucker portionsweise unterschlagen Zitronensaft untermischen.

VARIANTE:
Schokoladen-Buttercreme

150 g Zartbitter-Kuvertüre im Wasserbad schmelzen. Etwas abgekühlt unter die Buttercreme rühren.

VARIANTE:
Zitronen-Buttercreme

Einfache Buttercreme zubereiten. 3 Päckchen Dr. Oetker Finesse Geriebene Zitronenschale unterrühren.

Vanille-Buttercreme

ZUTATEN

500 ml (½ l) Milch, 1 Pck. Gala Bourbon-Vanille Pudding-Pulver, 2 EL Zucker, 250 g weiche Butter, 100 g gesiebter Puderzucker, Frischhaltefolie

1. Kalte Milch abmessen. 5 Esslöffel abnehmen, mit dem Pudding-Pulver verrühren.
2. Milch und Zucker zum Kochen bringen. Das angerührte Pudding-Pulver unterrühren, unter Rühren aufkochen lassen.
3. Frischhaltefolie direkt auf die Oberfläche legen und den Pudding auf Zimmertemperatur abkühlen lassen.
4. Butter und Puderzucker mit dem Handrührgerät mit Rührbesen etwa 5 Minuten schaumig schlagen. Den Vanille-Pudding portionsweise mit einem Schneebesen unterziehen.

Canache-Creme

ZUTATEN FÜR EINEN KUCHEN (Ø 26 CM)

300 g Schlagsahne, 300 g Zartbitter-Schokolade

1. Die Sahne in einen Topf gießen und erhitzen (nicht kochen).
2. Die Schokolade hacken. In die heiße Sahne geben.
3. Etwa 1 Minute stehen lassen. Mit einem Schneebesen glatt rühren, bis die Schokolade aufgelöst ist.
4. Kühl stellen, bis die Creme die gewünschte Konsistenz hat. Je länger sie kühl steht, desto fester wird sie.

Für kleine Kuchen reicht eine Creme aus 200 g Schokolade und 200 g Sahne. Wenn sie fest sein soll, den Schokoladenanteil erhöhen.

Aprikosenglasur

ZUTATEN FÜR EINEN KUCHEN (Ø 26 CM)

4 EL Aprikosenkonfitüre, 1 EL Zucker, 1 EL Wasser

1. Die Zutaten in einen Topf geben und etwa 2 Minuten aufkochen. Durch ein Sieb streichen.
2. Die heiße Glasur auf den Kuchen streichen.

Läuterzucker

ZUTATEN

100 ml Wasser, 100 g Zucker

1. Wasser und Zucker aufkochen, bis der Zucker gelöst ist.
2. Abgekühlt mit Schnäpsen, Likören oder Säften vermischen und damit den Kuchen tränken.
3. Der Kuchen bleibt dadurch sehr saftig und kann Tage vor dem Servieren zubereitet werden.

Ganz einfach mit Likören, z. B. mit Amaretto, Pfirsichlikör, Cointreau oder mit Martini aromatisieren. Zum Tränken die Kuchen durchschneiden, die Böden tränken und wieder zusammensetzen.

Rollfondant

1. Fondant zu einem Kreis von 18 cm Durchmesser und einer Rolle von 54 cm Länge ausrollen. Auf die Motivmatte legen. Mit dem Rollholz andrücken.
2. Mit einem Fondantmesser gerade schneiden. Den Kreis sauber ausschneiden.
3. Den Deckel auf die aprikotierte Torte legen. Das Längsteil mit Puderzucker bestreuen.
4. Den Streifen aufrollen und an der Kuchenseite abrollen. Puderzucker mit einem Pinsel abfegen.

Kuvertüre temperieren

1. 200 g Zartbitter-Kuvertüre oder -Schokolade (mit einem hohen Kakaobutter-Anteil) grob hacken.
2. Ein Drittel der Kuvertüre oder Schokolade im Wasserbad schmelzen. Das Wasser sollte etwa 40 °C warm sein.
3. Restliche gehackte Kuvertüre oder Schokolade in die geschmolzene Kuvertüre geben. So lange verrühren, bis eine breiähnliche Konsistenz entstanden ist.
4. Den Kuvertüre- oder Schokoladenbrei unter Rühren im Wasserbad leicht erwärmen.

Spritzguss

1 Eiweiß (Größe L) mit 250 g gesiebtem Puderzucker portionsweise verrühren, bis die Masse zähfließend ist.

Spritztüte

1. Pergamentpapier dreieckig schneiden.
2. Eine Seite einrollen.
3. Die eingerollte Ecke umschlagen, Kante auf Kante ziehen.
4. Den Spritzguss einfüllen. Dabei sollte sich die Tüte nicht verdrehen. Die Tüte zusammenfalten. Die Spitze der Tüte in gewünschter Größe abschneiden.

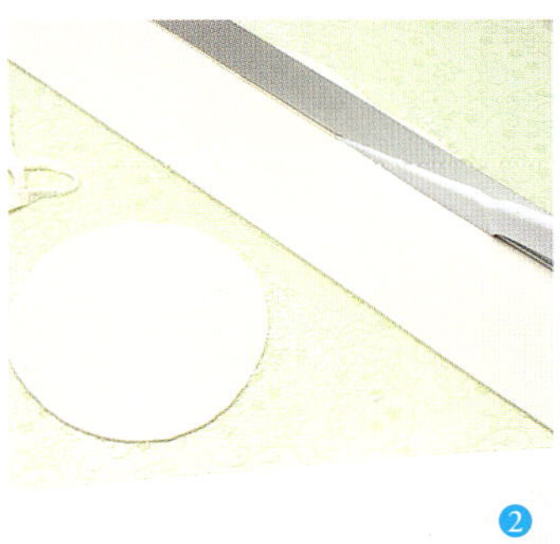

Torte einstreichen

1. Die Torte dünn mit Buttercreme einstreichen, um die Krümel zu binden. Kühl stellen.
2. Buttercreme obenauf häufen, nach unten hin mit einem Teigschaber verteilen.
3. Den Kuchen auf eine Drehscheibe oder auf eine Tortengarnierplatte setzen und mit einer Teigkarte den Rand glatt ziehen.
4. Die Oberfläche von außen nach innen glatt streichen.

Muster mit Sterntüllen:

1. S-Form gespritzt.
2. Verschlungenes Band gespritzt.
3. Linie aus Tupfen gespritzt.
4. Kreis und Muster mit großer Blütentülle gespritzt.

Spritzbeutel füllen

1. Tülle in den Spritzbeutel stecken. Beutel bis zur Hälfte umkrempeln.
2. Von unten in die Krempe fassen und den Beutel füllen.
3. Den oberen Teil des Spritzbeutels verdrehen und die Creme herausdrücken.

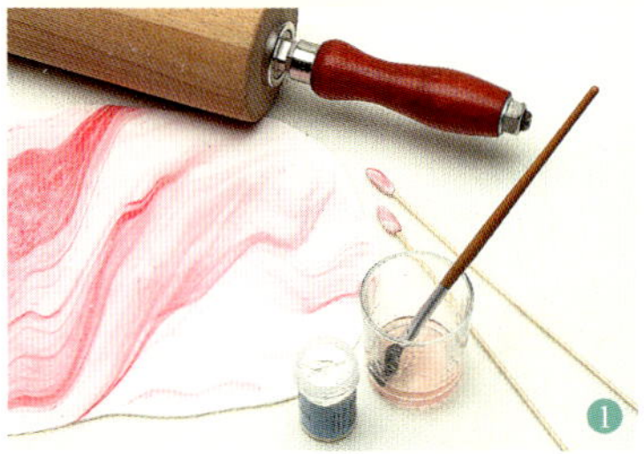

PHASE 1 CMC-Pulver mit 1 Esslöffel Wasser verrühren. 25 Blütenstempel formen und einem ½ TL CMC-Kleber auf die Holzspieße kleben. Rollfondant rot einfärben und mit einem ½ TL CMC-Pulver verkneten. Den Fondant portionsweise 2 mm dick ausrollen.

PHASE 2 Blätter mit dem kleinen Blütenausstecher austechen. Mit der Modellierkugel dünn auswalzen.

PHASE 3 Blatt für Blatt aufstechen, auswalzen und auf die Fondantkugel kleben. 5 Minuten antrocknen lassen.

PHASE 4 Die Blüten von den Holzspießen ziehen und mindestens 12 Stunden trocknen lassen.

Rosentraum

ZUTATEN FÜR ETWA 25 ROSEN

200 g Rollfondant
1 TL CMC Pulver
kirschroter Lebensmittelfarbstoff
1 Blütenausstecher (Ø 4 cm) mit Auswurfmechanik

1 Rezept Mandelkuchen (Seite 14) in einer Springform (Ø 18 cm) backen. **2 Esslöffel Aprikosenkonfitüre** verrühren und den Kuchen damit einstreichen.

Kuchen mit Streifenmuster und Margeriten

1 Rezept Zitronenkuchen (Seite 14) in einer Springform (Ø 24 cm) backen.
1 Rezept Zitronenglasur (Seite 49) mit **grüner Speisefarbe** einfärben und den Kuchen damit überziehen.
200 g Rollfondant grün färben und ausrollen.
In schmale Streifen schneiden und auf den Kuchen legen,
150 g Rollfondant zu Margeritenblüten ausstechen, auf die Streifen legen und mit **grünen Zuckerperlen** belegen.

Rote Zuckerherzen

FÜR 8–10 HERZEN

Unter 150 g Rollfondant **rote Speisefarbe** unterkneten. Etwa ½ cm dick ausrollen. Unterschiedlich große Herzen ausstechen und 12 Stunden trocknen lassen.
1 Rezept Schokoladenkuchen (Seite 13) in einer Springform (Ø 24 cm) backen. Den Kuchen mit **1 Rezept Zuckerglasur** (Seite 49) einstreichen.
1 Teelöffel bunte Zuckerperlen daraufstreuen. Mit den Herzen dekorieren.

PHASE 1 Die Arbeitsfläche mit Puderzucker bestreuen. Den Rollfondant weich kneten, rosa einfärben und etwa ½ cm dick ausrollen.

PHASE 2 Kleine Tassen mit Puderzucker ausstreuen. Mit etwas Frischhaltefolie auslegen. Margeritenblüten aus der Ausstechform hineinfallen lassen.

PHASE 3 Aus Puderzucker, Eiweiß und gelber Speisefarbe einen Spritzguss rühren und kleine Punkte in die Mitte der Margeritenblüten spritzen. 1–2 Tage trocknen lassen.

Margeriten Petits Fours

ZUTATEN FÜR 12 BLÜTEN

1 EL Puderzucker zum Bestreuen
400 g Rollfondant
200 g gesiebter Puderzucker
½ Eiweiß (Größe L)
rote und gelbe Speisefarbe
Frischhaltefolie
1 Margeritenblüten-Ausstecher

1 Rezept Zitronenkuchen (Seite 14) im Backrahmen (25 x 25 cm) backen. Die Ränder abschneiden. Den Kuchen in 7 x 7 cm große Stücke schneiden. Auf ein Gitter legen. **1 Eiweiß** (Größe L) mit **250 g gesiebtem Puderzucker** verrühren. Den Guss rot einfärben. Die Zitronenwürfel mit rotem Zuckerguss übergießen. Mit Margeritenblüten dekorieren.

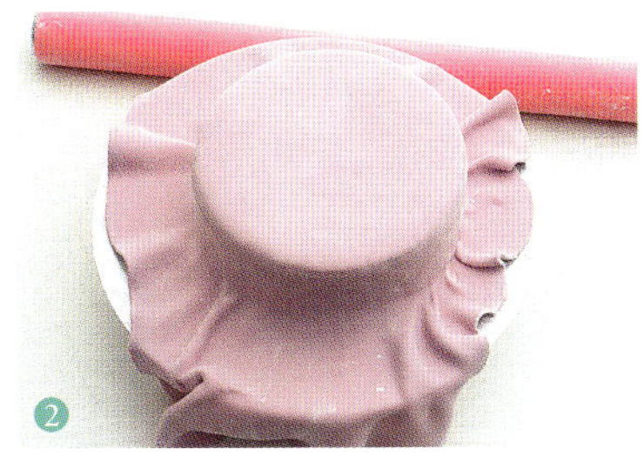

Geschenkpäckchen

ZUTATEN

5 EL Aprikosenkonfitüre
1 kg Rollfondant
blaue und rote Speisefarbe
1 Eiweiß (Größe L)

1 Rezept Englischer Früchtekuchen (Seite 12) zubereiten. Den Rand einer Springform (Ø 18 cm) mit einem 10 cm hohen Backpapierstreifen auslegen. Den Teig darin glatt streichen und backen.

PHASE 1 Die Oberfläche des Früchtekuchens gerade schneiden. Umdrehen und mit Konfitüre einstreichen. Ränder ebenfalls einstreichen.

PHASE 2 Ein Drittel des Rollfondants beiseitelegen. Übrigen Fondant fliederfarben einfärben. Fondant ausrollen, auf eine Teigrolle wickeln und über dem Kuchen abrollen. An die Ränder drücken und glatt streichen.

PHASE 3 Überstehenden Fondant abschneiden. Den weißen Fondant ausrollen. Zwei Streifen und einen Kreis ausrollen, mit Eiweiß bestreichen und an das Päckchen drücken. Zwei Fondantrollen formen und miteinander verdrehen.

PHASE 4 Die Fondantkordeln zu einer Schleife formen. Auf den Kuchen legen. Die Schleifen mit Küchenpapier unterlegen. 1 Tag trocknen lassen und das Küchenpapier entfernen. Mit Veilchenblüten und -blättern (Seite 34) dekorieren.

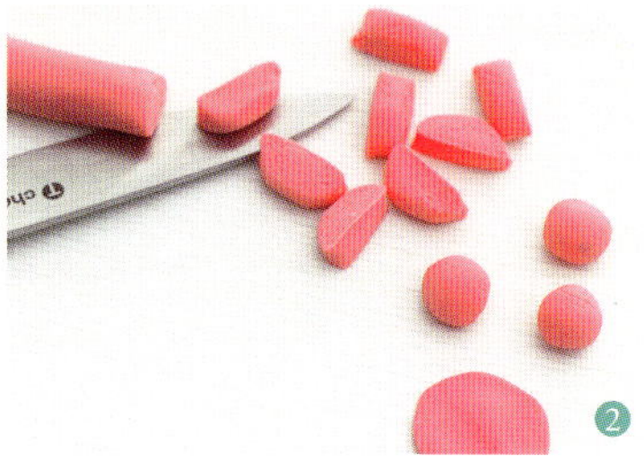

Stiefmütterchen-Töpfe

ZUTATEN FÜR 8 TÖPFE
650 g Rollfondant oder Zuckerteig
flüssige Speisefarben

1 Rezept Englischer Früchtekuchen (Seite 12) in einer 20 x 20 cm Form backen.
In 9 Stücke (knapp 7 x 7 cm) schneiden.
Mit **½ Rezept Canache-Creme** (Seite 15) einstreichen.

PHASE 1 Fondant in verschiedenen Farben einfärben. Den grauen Fondant ausrollen und die Kuchenstücke damit einkleiden.

PHASE 2 Für die Blüten den Fondant zu Rollen formen und kleine Stücke abschneiden. Zu Kugeln formen und flach drücken.

PHASE 3 Je Blüte 4 keilförmige und 1 herzförmiges Blütenblatt formen. Die Blüten in Eierformmulden zusammenlegen und festdrücken.

PHASE 4 Die Blütenmitte mit Speisefarben anmalen. Blätter ausstechen. 1 Tag trocknen lassen. Aus der Form nehmen und zusammensetzen.

Fondantkristalle

ZUTATEN FÜR 16 STÜCK

½ Rezept Englischer Früchtekuchen (Seite 12) in einer 20 x 20 cm großen Form backen und in 5 x 7 cm große Stücke schneiden. **2 Eiweiß mit 500 g gesiebtem Puderzucker** verrühren. Blau einfärben, die Kuchenstücke damit überziehen. **300 g Rollfondant** ½ cm dick ausrollen. Kristall-Ornamente ausstechen. Mit **½ Eiweiß** bestreichen. Mit **blauem und weißem Glitterzucker** bestreuen. Die Ornamente auf die Kuchen legen. Mit blauem und weißem Glitterzucker bestreuen.

Schokoladen-Petits Fours mit Streifendekor

ZUTATEN FÜR ETWA 100 STÜCK

1 Rezept Schokoladenkuchen (Seite 13) auf einem Backblech backen. **5 Esslöffel Minzesirup** daraufgeben. **1 Rezept Canache-Creme** (Seite 15) zubereiten. Den Kuchen damit bestreichen, kühl stellen. **700 g Rollfondant** in zwei Teile schneiden. Hellblau und rosa färben. Jeweils 25 x 30 cm groß ausrollen. In 2 ½ cm breite Streifen schneiden. Die farbigen Streifen zu einem Geflecht zusammenlegen. Mit der Teigrolle überrollen, damit die Streifen sich verbinden. Auf den Schokoladenkuchen legen. In 6 x 6 cm große Würfel schneiden. Die Würfel dann noch einmal vierteln.

PHASE 1 Gummi arabicum und Zucker mischen. Eiweiß und Wasser unterrühren.

PHASE 2 Die Blütenblätter von den Rosen abzupfen und in die Gummimischung tauchen.

PHASE 3 Die Blüten abtropfen lassen und auf den Zucker legen. Mit Zucker bestreuen und etwa 1 Tag trocknen lassen.

Zitronentorte mit Rosenblütenblättern

ZUTATEN FÜR DIE BLÜTENBLÄTTER

1 EL Gummi arabicum
1 EL Zucker
½ Eiweiß (Größe L)
50 ml kaltes Wasser
duftende Blütenblätter von 4 ungespritzten Rosen
200 g Zucker

1 Rezept Zitronenkuchen (Seite 14) in einer Springform (Ø 18 cm) backen. **1 Rezept Buttercreme** (Seite 15) zubereiten. Den Kuchen damit einstreichen. Den Kuchen mit den Blättern dekorieren.

TIPP: Wenn die Blüten nicht duften, können sie in Rosenwasser oder Orangenblütenwasser getaucht und dann gezuckert werden. So bekommen sie ein einzigartiges Aroma.

Mandelherz mit Stiefmütterchen und Vergissmeinnicht

1 Rezept Mandelkuchen (Seite 14) in einer 26 cm großen Herzform backen. **1 Eiweiß (Größe L), 250 g gesiebten Puderzucker** und etwas **rote Speisefarbe** verrühren. Den Mandelkuchen mit dem Zuckerguss überziehen. Den Rand mit Zuckerguss-Tupfen garnieren. Etwa **20 Stiefmütterchen- und Vergissmeinnicht-Blüten** zuckern. Das Herz damit garnieren.

TIPP: Wenn es schnell gehen soll, können Sie die Blüten auch mit verschlagenem Eiweiß bestreichen und dann in Zucker wälzen.

Zitronenherz mit Tagetes (Studentenblumen) und Nelken

1 Rezept Zitronenkuchen (Seite 14) in einer 25 cm großen Herzform backen. **250 g gesiebten Puderzucker** mit **3 Esslöffeln gesiebtem Zitronensaft** verrühren. Den Zitronenkuchen mit der Zitronenglasur überziehen. Den Rand mit etwa **15 ungespritzten, gezuckerten Nelken** und **Tagetes** belegen.

1

2

3

PHASE 1 Früchte waschen und mit einem Tuch trocken tupfen.

PHASE 2 Gummi arabicum mit Zucker mischen, dann Eiweiß und Wasser zugeben.

PHASE 3 Früchte in die Gummimischung tauchen und in Zucker wälzen.

Schoko-Früchtekuchen mit Zuckerfrüchten

ZUTATEN FÜR DIE ZUCKERFRÜCHTE

500 g verschiedene Früchte, z. B. Aprikosen, Kirschen, Weintrauben, Heidelbeeren, Johannisbeeren
1 TL Gummi arabicum
1 EL Zucker
½ Eiweiß (Größe L)
50 ml kaltes Wasser
250 g Zucker

1 Rezept Englischer Früchtekuchen (Seite 12) auf einem Backblech backen. Den Kuchen in zwei 20 x 20 und zwei 9 x 9 cm große Stücke schneiden. Mit **5 Esslöffeln Aprikosenkonfitüre** zusammensetzen.
1 Rezept **Canache-Creme** (Seite 15) zubereiten. Den Kuchen damit überziehen. **250 g temperierte Zartbitter-Kuvertüre** auf Papier streichen. Seiten ausmessen und die ausgeschnittenen Kuvertüre-Stücke an die Seiten kleben. Mit gezuckerten Früchten garnieren.

TIPP: Stark safthaltige Früchte zuerst in Schokolade tauchen und dann in Zucker wälzen. Die Früchte können 1–2 Tage vor dem Garnieren zubereitet werden. Die Zuckerkruste trocknet und wird knusprig.

Zitronen- und Orangenrosen

PHASE ❶ 500 g Zucker und 400 ml Wasser kochen, bis der Zucker sich gelöst hat.

PHASE ❷ Zitronen und Orangenschale mit einem Sparschäler dünn abschälen.

PHASE ❸ Die Schalen in dem Zuckersirup 5 Minuten köcheln.

PHASE ❹ Herausnehmen, abtropfen lassen und zu Blüten aufwickeln. Mit restlichem Zucker bestreuen.

ZUTATEN FÜR DIE ZITRUSROSEN
550 g Zucker
400 ml Wasser
je 2 Bio-Zitronen und -Orangen (unbehandelt, ungewachst)

1 Rezept Zitronenkuchen (Seite 14) in einer Springform (Ø 18 cm) backen. **1 Rezept Canache-Creme** (Seite 15) zubereiten. Den Zitronenkuchen zweimal waagerecht durchschneiden. Die Böden mit je **3 Esslöffeln Zitronensirup** tränken. Mit Canache-Creme zusammensetzen und bestreichen. Mit **Kakaopulver** bestäuben und mit Blüten dekorieren.

TIPP: Mit Zucker bestreut werden die Blüten hart und sind etwa 1 Monat haltbar. Der Sirup bleibt im Kühlschrank etwa 3 Monate haltbar. Zuckersirup mit frischem Saft (im Verhältnis 1:1) mischen und die Biskuitböden damit tränken.

PHASE 1 Zucker und Eiweiß verkneten.

PHASE 2 In 4 Schalen verteilen. Mit Speisefarben vermischen.

PHASE 3 Die Zuckermasse in beliebige Formen drücken.

PHASE 4 Etwa 6 Stunden trocknen lassen, dann aus den Formen herausnehmen.

Osternest

ZUTATEN FÜR DIE ZUCKEREIER

500 g Zucker
1 Eiweiß (Größe L)
Speisefarben

1 Rezept Mandelkuchen (Seite 14) in einer Springform (Ø 18 cm) backen. **600 g Schlagsahne** mit **90 g Zucker** und **2 Päckchen Dr. Oetker Sahnesteif** aufschlagen. Den Kuchen damit bestreichen. Restliche Sahne in einen Spritzbeutel mit Sterntülle füllen.
Spiralen und Tatzen an den unteren und auf den oberen Rand spritzen.
1 Esslöffel Kokosraspel daraufstreuen. Mit Zuckereiern verzieren.

TIPP: Die Zuckereier sollten erst kurz vor dem Servieren auf die Sahne gelegt werden. Durch Feuchtigkeit kann der Zucker schmelzen.
An einem trockenen Ort gelagert sind die Zuckereier längere Zeit haltbar.

Eiskristallmuffins

ZUTATEN FÜR 12 MUFFINS

½ Rezept Schokoladenmuffins (Seite 13) backen. **1 Eiweiß** (Größe L) mit **200 g gesiebtem Puderzucker** verrühren. Die Oberfläche mit der Zuckerglasur bestreichen.

200 g Marzipan-Rohmasse mit **100 g gesiebtem Puderzucker** verkneten. Marzipan mit **1 Esslöffel Puderzucker** bestreuen und etwa ½ cm dick ausrollen. Eiskristall-Ausstecher in Puderzucker drücken. Das Marzipan damit ausstechen. Den Eiskristall mit einem feinen Pinsel aus dem Ausstecher drücken. Mit **½ verschlagenen Eiweiß** bestreichen und mit **violettem Zucker** bestreuen. Auf die Muffins legen.

Königskuppeln

ZUTATEN FÜR 12 MUFFINS

½ Rezept Zitronenmuffins (Seite 14) backen. Die Muffins umdrehen und die Papiermanschette abziehen.

1 Rezept Knetteig (Seite 13) zubereiten, etwa ½ cm dick ausrollen. Mit einem Kronen-Ausstecher ausstechen und backen.

½ Rezept Aprikosenglasur (Seite 15) kochen. Die Kronen dünn damit bestreichen. Mit **buntem Zucker** bestreuen.

1 Rezept Buttercreme (Seite 15) zubereiten. Die Muffins damit kuppelförmig bestreichen. Die Kronen hineindrücken und mit buntem Zucker bestreuen.

PHASE 1 Blumenkelch mit Stanniolfolie belegen.

PHASE 2 Mit dem Stempel die Folie eindrücken.

PHASE 3 Mit Tülle 113 oder 69 sechs Blätter, von unten zum Rand hin spritzen und aus der Form nehmen.

PHASE 4 Sterne mit feiner Sterntülle in die Mitte setzen, Blütenpollen einkleben. 2 Tage trocknen lassen.

Lilienblütentorte

ZUTATEN FÜR DIE LILIEN

- Liliennagel-Set
- Stanniolfolie
- Spritzbeutel mit gelber Icing-Mix und Blatt-Tülle
- 1 kleine Sterntülle
- Blütenpollen

2 Rezepte Englischer Früchtekuchen (Seite 12) in einem Backrahmen 25 x 25 cm backen.
Den Deckel gerade schneiden. **1 Rezept Buttercreme** (Seite 15) zubereiten und den Kuchen damit einstreichen. **150 g weißen Rollfondant** ausrollen und die Oberfläche damit belegen. **250 g Rollfondant** mit Speisefarbe blau einfärben. Zu einer etwa 1 m langen Rolle formen. 8 cm breit ausrollen und um den Rand legen. Festdrücken und glatt streichen. **250 g gesiebten Puderzucker** mit 1 Eiweiß (Größe L) glatt rühren und auf der Oberfläche verstreichen. Den Rand mit Blüten belegen.

Petits Fours mit Lilien

½ **Rezept Zitronenkuchen** (Seite 14) auf dem Blech backen. Mit **Aprikosenglasur** (Seite 15) bestreichen. Mit **200 g Rollfondant** belegen und in 4 x 4 cm große Würfel schneiden. Mit **gelber Zuckerglasur** (Seite 52) begießen.
Spritzbeutel mit weißer Icing-Mix füllen. Die Blüten mit einer Blatt-Tülle zubereiten. Lilien zwei Tage bei Zimmertemperatur trocknen lassen. Getrocknete Blüten auf die Petits Fours legen.

Petits Fours mit Petunien

½ **Rezept Zitronenkuchen** (Seite 14) auf dem Blech backen. Mit **Aprikosenglasur** (Seite 15) bestreichen. Mit **200 g Rollfondant** belegen und in 4 x 4 cm große Würfel schneiden. Mit **grüner Zuckerglasur** (Seite 52) begießen.
Spritzbeutel mit rosa Icing-Mix füllen. Die Blüten mit einer Blatt-Tülle wie Lilien zubereiten. Petunien über Nacht bei Zimmertemperatur trocknen lassen. Getrocknete Blüten auf die Petits Fours legen.

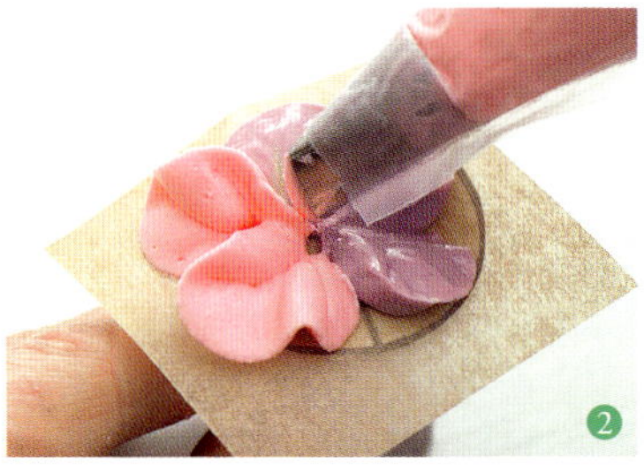

PHASE 1 Blütenbaiser oder Icing-Mix rosa, blau und gelb färben. Drei schmale Blütenblätter mit einer Rosenblatttülle auf einen mit Backpapier belegten Blütennagel dressieren.

PHASE 2 Zwei rosa Blüten darunter platzieren.

PHASE 3 Mit einer feinen Lochtülle gelbe Tupfen einsetzen. Über Nacht trocknen lassen.

Stiefmütterchen-Muffins

ZUTATEN FÜR DIE STIEFMÜTTERCHEN

1 Rezept Blütenbaiser oder Icing-Mix (Seite 14)

rosa, blaue, gelbe Speisefarbe

1 Rezept Zitronenmuffins (Seite 14) backen. Mit **1 Rezept Zitronen-Buttercreme** (Seite 15) kuppelförmig einstreichen. **350 g Rollfondant** rosa färben. Ausrollen und die Muffins damit einkleiden. Mit einem Glättespachtel in Form bringen. Mit weißem Spritzguss (Seite 16) verzieren. Mit Stiefmütterchen dekorieren.

1

2

3

4

Glasierte Zitronen-Fours mit Osterglocken

ZUTATEN FÜR DIE OSTERGLOCKEN UND -BLÄTTER

1 Rezept Blütenbaiser oder Icing-Mix (Seite 15)
gelbe und grüne Speisefarbe
Backpapier

1 Rezept Zitronenkuchen (Seite 14) in einem Backrahmen 25 x 25 cm backen und in etwa 5 x 5 cm große Würfel schneiden.
Mit **1 Rezept Aprikosenglasur** (Seite 15) glasieren. Mit Osterglocken und Blättern dekorieren.

PHASE 1 Blütenbaiser oder Icing-Mix gelb und grün einfärben. Blütennagel mit Backpapier belegen. Ein Blatt mit der Rosenblatt-Tülle aufspritzen.

PHASE 2 Die Blütenblätter 2–5 aufspritzen.

PHASE 3 Blüte vom Nagel nehmen.

PHASE 4 Mit einer feinen Lochtülle den Mittelteil aufspritzen. Über Nacht bei Zimmertemperatur trocknen lassen.

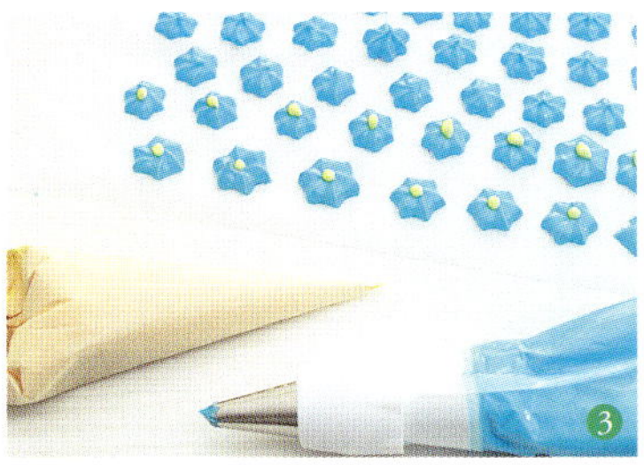

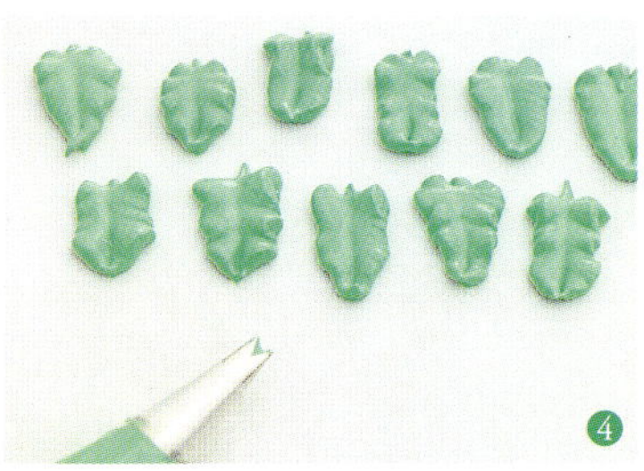

PHASE 1 Blütenbaiser (Seite 14) grün und blau färben.

PHASE 2 Spritzbeutel mit blauem Baiser füllen. Blütentülle Nr. 131 aufschrauben.

PHASE 3 Die Blüten auf Backpapier spritzen.

PHASE 4 Blätter mit Blatttülle Nr. 103 aufspritzen. 1 Tag bei Zimmertemperatur trocknen lassen.

Veilchenkissen

ZUTATEN

1 Rezept Icing-Mix (Seite 14)
blaue, gelbe und grüne Speisefarbe

1 Rezept Zitronenkuchen (Seite 14) in einem Backrahmen (35 x 35 cm) backen. Mit **500 g abgespülten, abgetropften und entstielten Erdbeeren** belegen. **1 kg Schlagsahne** mit **4 Päckchen Dr. Oetker Sahnesteif** mit **120 g Zucker** in 2 Portionen steif schlagen. Die Sahne kissenförmig auf die Erdbeeren schichten.
400 g Rollfondant ausrollen. Den Kuchen damit belegen.
Eine Kordel aus 2 Strängen mit jeweils 140 cm Länge aus dem Fondant rollen. Die Kordel um die Torte legen, an einer Seite verschlingen.
Mit Veilchenblüten und -blättern garnieren.

1

2

3

4

Streublümchen-Schokokuchen

ZUTATEN

1 Rezept Blütenbaiser oder Icing-Mix (Seite 14)

gelbe und rote Speisefarbe

Gelbe Streublümchen mit den Tüllen Nr. 96 + 131 zubereiten, trocknen lassen.

1 Rezept Schokoladenkuchen (Seite 13) auf einem Backblech mit Backrahmen (30 x 30 cm) backen. In vier 15 x 15 cm große Stücke schneiden.

Mit **1 Rezept Schokoladen-Buttercreme** (Seite 15) aufschichten.

200 g Rollfondant ausrollen und den Kuchen damit einkleiden.

1 Rezept Canache-Creme (Seite 15) zubereiten und den Kuchen damit überziehen. Den Schokokuchen mit Streublümchen dekorieren.

PHASE 1 Vom Blütenbaiser drei Viertel gelb einfärben. Restlichen Guss halbieren. Eine Hälfte rot und die zweite Hälfte orange einfärben. Den gelben Guss in zwei Spritzbeutel mit Tülle Nr. 96 und 131 füllen. Roten und orangen Guss jeweils in eine Papierspritztüte füllen.

PHASE 2 Aus dem gelben Guss Blüten auf ein mit Backpapier belegtes Blech spritzen.

PHASE 3 In die Mitte der Blüten rote und orange Punkte spritzen. Die Blüten trocknen lassen.

PHASE 4 Die Blüten mit einem Messer oder einer Palette auf den fast trockenen Schokoladenüberzug setzen.

PHASE 1 Mit einem spitzen Gegenstand die Augen der Kokosnuss einstechen. Die Kokoswasser-Flüssigkeit herauslaufen lassen.

PHASE 2 Die Kokosnuss in ein Geschirrtuch wickeln und mit einem Hammer zertrümmern.

PHASE 3 Das Kokosnussfleisch mit einem Löffel von der Schale lösen.

PHASE 4 Das Kokosnussfleisch mit einem Gurkenhobel in Späne hobeln, auf der Torte verteilen und andrücken.

Kokos-Berg mit Kerzen

ZUTATEN FÜR DIE KOKOSSPÄNE

1 frische Kokosnuss

2 Rezepte Zitronenkuchen (Seite 14) zubereiten. In einer Springform (Ø 18 cm, mit Backpapier ausgelegt) backen. Den Kuchen halbieren, mit dem durchgesiebten **Saft von 4 Zitronen** und **50 ml Kokoslikör** tränken. **2-mal das Rezept Buttercreme** (Seite 15) zubereiten. Den Kuchen damit zusammensetzen und bestreichen. Das Fleisch von einer frischen Kokosnuss über die Torten hobeln. Tropffreie dünne Kerzen hineinstecken.

Erdbeertorte mit Kokosrand

ZUTATEN FÜR DEN KOKOSRAND
70 g Kokosraspel
300 g Schlagsahne
2 EL gesiebter Puderzucker
1 Pck. Dr. Oetker Sahnesteif

1 Rezept Zitronenkuchen (Seite 14) in einer Springform (Ø 26 cm) backen. Mit **6 Esslöffeln gesiebtem Zitronensaft** tränken. **500 g abgespülte, abgetropfte und entstielte Erdbeeren** darauflegen. Mit einem **Tortenguss** aus **500 ml (½ l)schwarzem Johannisbeersaft, 2 Päckchen Tortenguss, klar, ungezuckert** und **Zucker** nach Geschmack überziehen.

PHASE 1 30 g Kokosraspel in einer Pfanne ohne Fett goldbraun rösten, auf einem Teller erkalten lassen. Sahne mit Puderzucker und Sahnesteif steif schlagen. Den Tortenrand damit bestreichen.

PHASE 2 Geröstete Kokosraspel an die untere Hälfte des Tortenrandes streuen oder mit einer Teigkarte andrücken.

PHASE 3 Restliche Kokosraspel an die obere Hälfte des Tortenrandes streuen. Heruntergefallene Kokosraspel entfernen.

PHASE ❶ Die gehobelten Mandeln mit der Hand oder einer Teigkarte an den Rand drücken. Die Torte dabei etwas kippen.

PHASE ❷ Die Oberfläche mit gehackten Mandeln bestreuen.

PHASE ❸ Die Marzipanzahlen am Rand mit Goldperlen belegen. Eiweiß daraufstreichen. Lavendelzucker in eine Papiertüte geben und das Innere der Zahlen damit bestreuen.

Geburtstagstorte

ZUTATEN FÜR DIE MARZIPANZAHLEN

200 g gehobelte Mandeln
200 g gehackte Mandeln
getrennt voneinander auf ein Backblech streuen. Bei 180 °C (Ober-/Unterhitze) goldbraun rösten. Abkühlen lassen.
1 Eiweiß (Größe L)
Goldperlen
2 EL Lavendelzucker
tropffreie, dünne Kerzen

2 Rezepte Schokoladenkuchen (Seite 13) auf 2 Backblechen backen. Die Ränder der Schokoladenkuchen glatt schneiden. Eine Gebäckplatte auf ein Blech legen.

750 g verlesene, geputzte Himbeeren darauf verteilen. **1200 g Schlagsahne** mit **4 Päckchen Dr. Oetker Sahnesteif** und **180 g Zucker** in 2 Portionen steif schlagen. Mit **3 Esslöffeln Himbeergeist** verrühren. Die Hälfte der Sahne auf den Kuchen geben, glatt streichen. Mit der zweiten Gebäckplatte belegen. Die übrige Sahne an den Rand und auf die Oberfläche streichen. Den Kuchen kühl stellen.

Für die Zahlen **300 g Marzipan-Rohmasse** zu zwei Rollen formen, auf Backpapier legen, mit der Teigrolle flach rollen.

❶

❷

❸

Tartufo

PHASE ❶ Buttercreme auf den Kuchen geben und den Kuchen kuppelförmig einstreichen.

PHASE ❷ Kakaopulver daraufstäuben. Den Kuchen dabei schräg halten.

PHASE ❸ Mandelstifte wie bei einem Igel hineinstecken und mit den Kerzen garnieren.

ZUTATEN
2 EL Kakaopulver
50 g gestiftelte Mandeln
tropffreie, dünne Kerzen

1 Rezept Mandelkuchen (Seite 14) in einer Springform (Ø 20 cm) backen. Mit **5 Esslöffeln Amaretto-Likör** tränken. **1 Rezept Schokoladen-Buttercreme** (Seite 15) zubereiten.

PHASE ❶ Kuvertüre temperieren (Seite 16) und messerrückendick auf Backpapier verstreichen.

PHASE ❷ Zucker-Streusel daraufstreuen. Die Schokolade fest werden lassen.

PHASE ❸ Ausstecher anwärmen und die gewünschten Formen ausstechen. Mit einer Palette vom Papier lösen.

PHASE ❹ Die Schokoladenreste zerbrechen.

Kuppel mit Streusel-Buchstaben

ZUTATEN FÜR DIE STREUSEL-BUCHSTABEN

200 g Zartbitter-Kuvertüre
150 g bunte Zucker-Streusel
Backpapier

1 Rezept Schokoladenkuchen (Seite 13) zubereiten. In einer Springform (Ø 18 cm) backen. Die oberen Kanten des Schokoladenkuchens kuppelförmig zurechtschneiden. Die Kuchenreste in der Mitte aufschichten. **800 g Schlagsahne** mit **4 Päckchen Dr. Oetker Sahnesteif** und **120 g Zucker** in 2 Portionen steif schlagen. Die Sahne auf dem Kuchen kuppelförmig verstreichen. Mit Schokoladen-Buchstaben und Bruchstücken verzieren.

TIPP: Die Streusel laufen bunt aus, wenn sie auf feuchte Cremes oder Sahne gestreut werden. Erst kurz vor dem Servieren aufstreuen!

Zebrakuchen

ZUTATEN FÜR DAS ZEBRAMUSTER
700 g Schlagsahne
30 g gesiebter Puderzucker
2 Pck. Dr. Oetker Sahnesteif
100 g Schokostreusel

1 Rezept Mandelkuchen (Seite 14) zubereiten. Einen gefetteten Backrahmen 30 x 35 cm auf ein mit Backpapier belegtes Backblech stellen, Mandelteig einfüllen und backen. Die Ränder glatt schneiden. **500 g abgespülte, trocken getupfte, entstielte Erdbeeren** darauf verteilen.

PHASE ❶ Sahne in 2 Portionen mit jeweils der Hälfte des Puderzuckers und einem Päckchen Sahnesteif steif schlagen. Den Kuchen mit zwei Dritteln der Sahne einstreichen, restliche Sahne kühl stellen. Mit einer Schere aus Backpapier mindestens 3 leicht gewellte Streifen (etwa 30 x 1,5 cm) schneiden.

PHASE ❷ Schokostreusel in eine Papierspritztüte füllen, die Spitze mit einer Schere abschneiden. Die Papierstreifen so auf die Sahne legen, dass ein Zebramuster entsteht.

PHASE ❸ Die Zwischenräume mit Schokostreuseln bestreuen.

PHASE ❹ Papierstreifen vorsichtig abnehmen und neu platzieren, sodass nach und nach ein vollständiges Zebramuster entsteht. Kühl gestellte Sahne in einen Spritzbeutel mit großer Lochtülle (Ø etwa 12 mm) füllen. Einen Rand um den Kuchen spritzen.

PHASE 1 Die Teigfäden auseinanderziehen und zu einem Nest legen. Butter erhitzen.

PHASE 2 Die Teignudeln mit Butter beträufeln und mit Zucker bestreuen. Bei 200 °C Grad (Heißluft) etwa 4 Minuten backen.

PHASE 3 Pistazien auf Papier geben und den Kuchen sternförmig damit bestreuen. Das Nudelnest in die Mitte geben, mit den restlichen Pistazien bestreuen.

Alibabas Nest

ZUTATEN

50 g frische Kadayif-Teigfäden (erhältlich in türkischen Lebensmittel-Läden)
50 g Butter
2 EL Zucker
50 g gemahlene Pistazienkerne

1 Rezept Mandelkuchen (Seite 14) in einer Springform (Ø 18 cm) backen. Den Mandelkuchen zweimal waagerecht durchschneiden und mit **5 Esslöffeln Amaretto-Likör** tränken. Mit **6 Esslöffeln durchgestrichener Aprikosenkonfitüre** zusammensetzen und bestreichen.
200 g Marzipan-Rohmasse mit **50 g gesiebtem Puderzucker** verkneten und dünn ausrollen. Den Kuchen damit einkleiden.
300 g weiße Kuvertüre grob hacken und schmelzen. Den Kuchen damit überziehen.

Gugelhupf mit Schoko-Pistazien-Spiralen

ZUTATEN FÜR DIE SCHOKO-PISTAZIEN-SPIRALEN

150 g Zartbitter-Kuvertüre
50 g gemahlene Pistazienkerne
Backpapier

1 Rezept Zitronenkuchen (Seite 14) in einer Gugelhupfform mit 1,5 l Inhalt backen.
1 Esslöffel Puderzucker darüberstäuben.
Ornamente mit flüssiger Kuvertüre am Gugelhupf befestigen.

PHASE 1 Kuvertüre klein hacken und im Wasserbad temperieren (Seite 16).

PHASE 2 Spiralen mit einem Löffel auf ein Stück Backpapier träufeln.

PHASE 3 Pistazien auf die Ornamente streuen.

PHASE ❶ Ein Herz in der Größe des Kuchens auf Papier aufzeichnen.

PHASE ❷ Papier mehrere Male falten und Muster einschneiden.

PHASE ❸ Die Schablone auf den Kuchen legen. Mit Puderzucker bestäuben.

PHASE ❹ Die Schablone vorsichtig abheben.

Kokosherz mit Scherenschnittmuster

ZUTATEN	**1 Rezept Kokoskuchen** (Seite 14) in einer 26 cm großen Herzform backen.
Backpapier	Die Seiten mit **3 Esslöffeln durchgestrichener Aprikosenkonfitüre** bestreichen.
50 g gesiebter Puderzucker	**50 g Kokos-Chips** darandrücken.

❶

❷

❸

Zylinderkuchen

ZUTATEN FÜR DAS BETÄUBEN
1 EL Kakaopulver
2 EL Puderzucker

½ **Rezept Zitronenkuchen** (Seite 14) zubereiten. 1 Konservendose (850 ml Inhalt, 10 cm hoch) reinigen. Den Boden und den Rand mit Backpapier auslegen. Die Papierseiten sollten etwa 20 cm hoch sein. Den Teig einfüllen und bei 180 °C (Ober-/Unterhitze) etwa 60 Minuten backen.

PHASE ❶ Den Kuchen aus der Dose nehmen.

PHASE ❷ Auf eine große Gabel aufstecken. Unter Drehen mit Kakaopulver bestäuben.

PHASE ❸ Auf einen Teller stellen und die Oberfläche mit Puderzucker bestäuben.

1

2

3

PHASE ❶ Oberfläche mit flüssiger Canache-Creme bestreichen, abkühlen lassen, bis die Creme fest ist.

PHASE ❷ Mit Spaghetti oder Linguine gitterförmig belegen.

PHASE ❸ Mit Puderzucker bestäuben. Spaghetti vorsichtig entfernen.

Karo-Kuchen

ZUTATEN
½ Rezept Canache-Creme (Seite 15)
Puderzucker zum Bestäuben
Spaghetti oder Linguine

1 Rezept Mandelkuchen (Seite 14) zubereiten. Die Hälfte des Teiges in eine Backform 20 x 20 cm füllen. Den übrigen Teig mit **50 g Kakaopulver** und **20 g Raspelschokolade** verrühren. Auf dem hellen Teig verteilen. Bei 180 °C (Ober-/Unterhitze) etwa 40 Minuten backen.

1

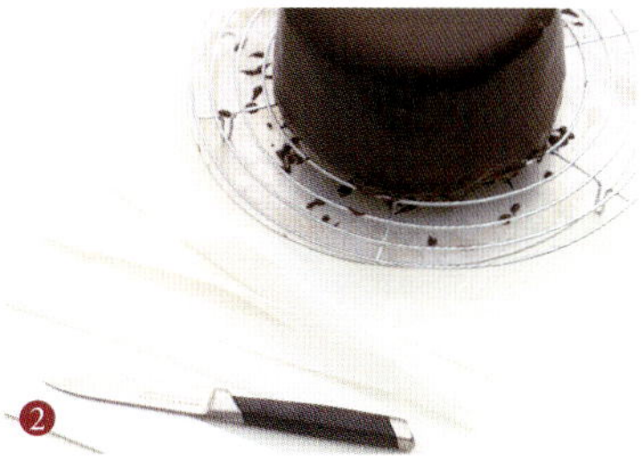
2

3

4

Schoko-Kuchen mit Kakaostern

ZUTATEN
1 Rezept Canache-Creme (Seite 15)
2 EL Kakaopulver

1 Rezept Schokoladenkuchen (Seite 13) in einer Springform (Ø 18 cm) backen. **1 Rezept Schokoladen-Buttercreme** (Seite 15) zubereiten. Den Kuchen waagerecht durchschneiden. Mit Buttercreme füllen und bestreichen. **150 g Rollfondant** ausrollen und den Kuchen damit einkleiden.

PHASE 1 Den Kuchen mit Canache-Creme begießen, abkühlen lassen, bis die Creme fest ist.

PHASE 2 Papier in Streifen (etwa 3 cm breit) schneiden. Den Kuchen sternförmig damit belegen.

PHASE 3 Mit Kakaopulver bestäuben.

PHASE 4 Die Streifen vorsichtig abheben.

PHASE 1 Aprikosenkonfitüre mit Zucker und Wasser aufkochen. Den Kuchen damit einstreichen

PHASE 2 Puderzucker und Eiweiß verrühren.

PHASE 3 Die Hälfte der Glasur rot einfärben.

PHASE 4 Esslöffelweise rote und weiße Glasur auf den Kuchen geben und verstreichen. Mit Zuckerperlen belegen.

Marmorierte Glasur

ZUTATEN FÜR DIE GLASUR

- 4 EL Aprikosenkonfitüre
- 1 EL Zucker
- 1 EL Wasser
- 250 g gesiebter Puderzucker
- 1 Eiweiß (Größe L)
- rote Speisefarbe
- rosa Zuckerperlen

2 Rezepte Mandelkuchen (Seite 14) in einer Springform (Ø 26 cm) backen. Den Kuchen mit einer Mischung aus **6 Esslöffeln Amaretto-Likör** und **4 Esslöffeln Läuterzucker** (Seite 16) tränken.

TIPP: Wer eine exakt glatte Oberfläche möchte, belegt den Kuchen vor dem Zuckerguss mit ausgerolltem Marzipan oder Rollfondant.
Wer kein frisches Eiweiß verwenden möchte, kann 250 g gesiebten Puderzucker mit 10 g getrocknetem Eiweiß vermischen und mit 3 Esslöffeln Wasser verquirlen.

Zitronenglasur mit Herzspirale

ZUTATEN FÜR DIE GLASUR
4 EL gesiebter Zitronensaft
250 g gesiebter Puderzucker
2 EL Erbeerkonfitüre

1 Rezept Zitronenkuchen (Seite 14) in einer Springform (Ø 24 cm) backen. Mit **Aprikosenglasur** (Seite 15) einstreichen. **Zitronensaft** mit **Puderzucker** verrühren.

PHASE 1 Erdbeerkonfitüre durch ein Sieb streichen. In ein Spritztütchen (Seite 16) füllen.

PHASE 2 Den Kuchen mit Zuckerglasur überziehen.

PHASE 3 Punkte in Kreisform auf den Kuchen setzten.

PHASE 4 Mit einem Holzstäbchen kreisförmig durch die Punkte ziehen.

1

2

3

4

PHASE 1 Himbeerkonfitüre aufkochen und durch ein Sieb streichen. Abgekühlt in eine Spritztüte füllen.

PHASE 2 Den Kuchen mit Aprikosenglasur bestreichen. Mit Zuckerglasur überziehen.

PHASE 3 Kreise aus Himbeerglasur daraufspritzen.

PHASE 4 Mit einem Messer im Wechsel von nach innen und außen verziehen.

Himbeerglasur mit Blütenmotiv

ZUTATEN FÜR DIE HIMBEERGLASUR

1 Eiweiß (Größe M)
250 g gesiebter Puderzucker
1–2 EL Zitronensaft
50 g Himbeerkonfitüre

1 Rezept Englischer Früchtekuchen (Seite 12) in einer Springform (Ø 24 cm) backen. **Mit Aprikosenglasur** (Seite 15) einstreichen. **4 Esslöffel Himbeerkonfitüre** mit **1 Esslöffel Zucker** aufkochen und durch ein Sieb streichen. 1 Esslöffel davon in eine Spritztüte (Seite 16) geben. Die übrige Konfitüre mit **1 Eiweiß** (Größe L) und **250 g gesiebtem Puderzucker** verrühren. Den Kuchen damit überziehen.

1

2

3

4

Kokosglasur mit Punkten

ZUTATEN FÜR DIE KOKOSGLASUR
100 ml cremige Kokosmilch
230 g gesiebter Puderzucker
2 EL Erdbeerkonfitüre
1 EL Zucker

1 Rezept Kokoskuchen (Seite 14) in einer Springform (Ø 24 cm) backen. Mit **Aprikosenglasur** (Seite 15) einstreichen.

TIPP: Die Kuchen mit weichem Guss auf den Kuchenteller ziehen. Durch die Bewegung wird der Guss rissig.

PHASE 1 Kokosmilch mit Puderzucker anrühren.

PHASE 2 Erdbeerkonfitüre aufkochen und durch ein Sieb streichen. Abkühlen lassen und in eine Spritztüte füllen.

PHASE 3 Den aprikotierten Kuchen mit Kokosglasur überziehen.

PHASE 4 Punkte aus Erdbeerkonfitüre in die feuchte Kokosglasur setzten.

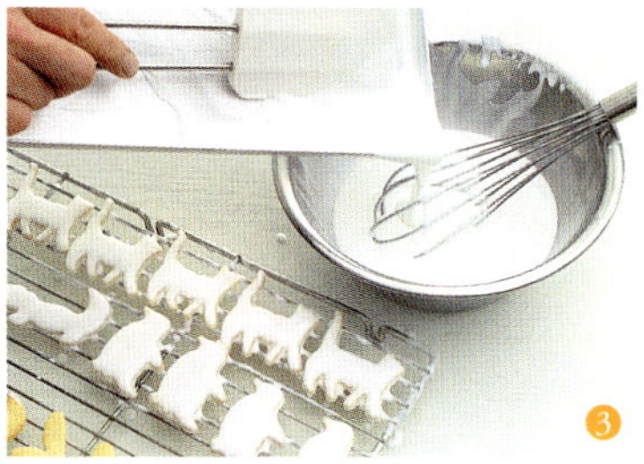

PHASE 1 Kekse auf einen Kuchenrost legen. Backblech darunterstellen. Flüssigen Zuckerguss anrühren.

PHASE 2 Den Zuckerguss über die Kekse gießen.

PHASE 3 Den heruntergelaufenen Guss zurückgießen. Mit 50 g Puderzucker dick anrühren, einfärben, in eine Spritztüte füllen (Seite 16). Die Tiere mit Linien und Punkten verzieren.

Tiere (Zoo)

ZUTATEN FÜR DIE ZUCKERGLASUR

1 Eiweiß (Größe L)

250 g gesiebter Puderzucker

Speisefarben

1 Rezept Knetteig (Seite 13) ausrollen. Unterschiedliche Formen ausstechen und backen. Eiweiß mit 200 g Puderzucker verrühren. Die Kekse mit einem Puderzuckerguss überziehen.

TIPP: Wer kein frisches Eiweiß verwenden möchte, kann **250 g gesiebten Puderzucker** mit **10 g getrocknetem Eiweiß** vermischen und mit **3 Esslöffeln Wasser** verquirlen.

Fische und Seepferdchen

ZUTATEN FÜR DIE ZUCKERGLASUR
1 Eiweiß (Größe L)
200 g gesiebter Puderzucker
Speisefarben

1 Rezept Knetteig (Seite 13) ausrollen. Unterschiedliche Formen ausstechen und backen. Mit Guss überziehen und verzieren.

PHASE 1 Eine leicht fließende Zuckerglasur (Seite 52) anrühren und einfärben.

PHASE 2 Die Kekse ganz damit überziehen.

PHASE 3 Die Muster mit einem Pinsel oder mit der Spritztüte (Seite 16) in die feuchte Glasur setzen.

PHASE 1 Rollfondant dünn ausrollen und auf die Oberfläche legen.

PHASE 2 Den Kuchen mit einem Herzausstecher ausstechen.

PHASE 3 Puderzucker und Eiweiß verrühren. Mit Speisefarben einfärben. Die Herzen damit überziehen.

PHASE 4 Auf einem Gitterrost abtropfen lassen.

Herz-Petits Fours mit Glasur

ZUTATEN FÜR DEN ÜBERZUG

100 g Rollfondant
500 g gesiebter Puderzucker
2 Eiweiß (Größe L)
Speisefarben

1 Rezept Zitronenkuchen (Seite 14) zubereiten. Auf einem Backblech zur Hälfte mit Backpapier ausgelegt, backen. Mit dem **Saft von 3 Zitronen** tränken. Mit **Aprikosenglasur** (Seite 15) bestreichen.

TIPP: Die Teigreste für einen Trifle oder anderen Pudding verwenden.

Gugelhupf mit Schokolinsen

ZUTATEN FÜR DIE GARNITUR

4 EL gesiebter Zitronensaft
250 g gesiebter Puderzucker
grüne Speisefarbe
Schokolinsen

1 Rezept Nusskuchen (Seite 14) in einer Gugelhupfform (etwa 1,5 l Inhalt) backen.

TIPP: Wenn die Glasur exakt sein soll, müssen die Gebäcke einmal mit dünner weißer Glasur überzogen werden. 1 Stunde trocknen lassen, dann nochmals mit farbiger Glasur überziehen.

PHASE 1 Gugelhupf auf einen Kuchenrost setzen, mit Aprikosenglasur (Seite 15) bestreichen.

PHASE 2 Puderzucker und durchgesiebten Zitronensaft zu einem glatten Guss verrühren. Zwei Drittel mit einem Löffel auf dem Kuchen verteilen. Abgetropften Guss mit einem Messer oder einer Palette auf die noch freien Stellen geben. Restlichen Guss mit Speisefarbe grün färben und als Streifen auf den weißen Guss geben.

PHASE 3 Schokolinsen auf den feuchten Guss kleben. Guss trocknen lassen.

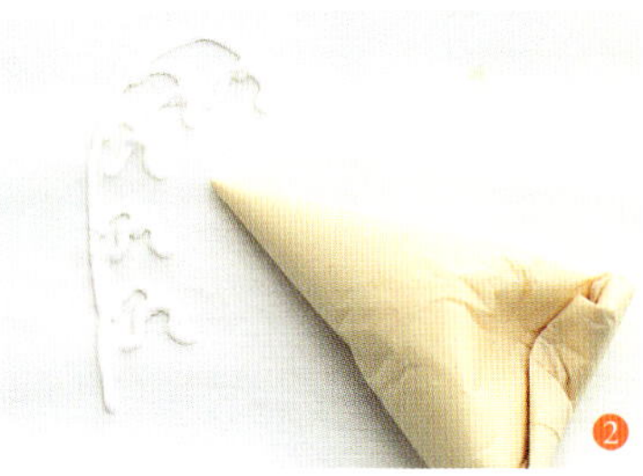

PHASE 1 Auf Backpapier mit Spritzguss einen Stiel aufmalen.

PHASE 2 Umrisse von Blütenkelchen daranspritzen.

PHASE 3 Blütenkelche ausfüllen, Blätter aus grünem Guss spritzen oder aus Rollfondant formen.

Maiglöckchentorte

ZUTATEN FÜR DIE GARNITUR

1 Rezept Spritzguss (Seite 16)
grüne Speisefarbe
evtl. 100 g Rollfondant
goldene Zuckerperlen

1 Rezept Englischer Früchtekuchen (Seite 12) in einer Springform (Ø 18 cm) backen. Mit **2 Esslöffeln Aprikosenkonfitüre** bestreichen. **300 g Rollfondant** ausrollen und die Torte damit einkleiden. Mit Spritzguss-Punkten verzieren und mit **Goldperlen** verzieren.
Getrocknete Maiglöckchen und grüne Fondantblätter mit Spritzguss an den Tortenrand kleben.

1

2

3

Hochzeitstorte mit Spitzenmuster (Spitzentraum)

ZUTATEN FÜR DAS SPITZENMUSTER
1 Eiweiß (Größe L)
250 g gesiebter Puderzucker
rosa Zuckerperlen

1 Rezept Zitronenkuchen (Seite 14) in einer Springform (Ø 18 cm) backen. **1 Rezept Zitronen-Buttercreme** (Seite 15) zubereiten und den Kuchen damit einstreichen. **500 g Rollfondant** blassrosa färben und ausrollen. Die Torte damit einkleiden. Mit Spitzenmustern garnieren.

PHASE 1 Ein Spitzenmuster auf einen Papierbogen zeichnen.

PHASE 2 Spritzguss (Seite 16) zubereiten. Backpapier auf das Muster legen. Das Muster aufspritzen.

PHASE 3 Punkte aufspritzen und mit rosa Zuckerperlen belegen. Über Nacht trocknen lassen.

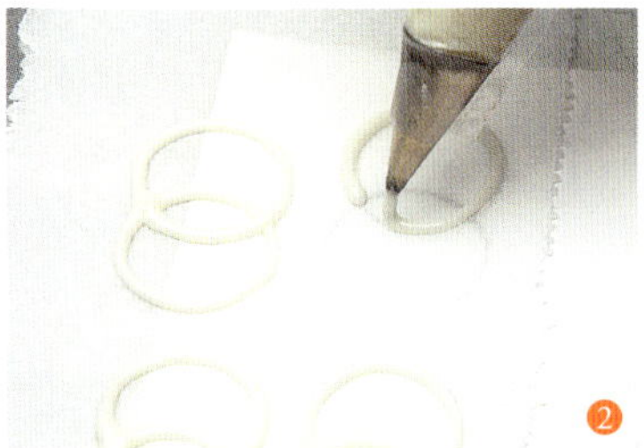

PHASE 1 Doppelkreise mit 3 cm Durchmesser auf Papier zeichnen.

PHASE 2 Icing-Mix nach Packungsanleitung zubereiten. In einen Einwegspritzbeutel mit kleiner Lochtülle (Ø 2 mm) füllen. Die Schablone mit Backpapier belegen und 40 Doppelkreise aufspritzen. 2 große Kreise (Ø 5,5 cm) aufspritzen.

PHASE 3 Alle Ornamente trocknen lassen. Mit Elfenbeinpuder bepinseln.

PHASE 4 Die Ornamente mit einem Punkt Icing-Mix an die Torte kleben.

Hochzeitstorte mit Ringen

ZUTATEN FÜR DIE GARNITUR
100 g Icing-Mix
Elfenbeinpuder

2 Rezepte Zitronenkuchen (Seite 14) im Backrahmen 25 x 25 cm backen 1 Blech mit **1 Rezept Nusskuchen** (Seite 14) backen. Den gebackenen Teig vierteln und mit **1 Rezept Vanille-Buttercreme** (Seite 15) aufstapeln. Beide Kuchen mit **1 Rezept Vanille-Buttercreme** (Seite 15) einstreichen. Mit **200 g Rollfondant** einkleiden. Die Kuchen aufeinandersetzen.

Hochzeitstorte mit Tauben

PHASE 1 Spritzguss zubereiten. Einen ovalen Körper aufspritzen.

PHASE 1 Einen runden Kopf mit Schnabel ansetzen.

PHASE 3 Flügel und Schwanz ansetzen.

PHASE 4 Flügel und Körper ausfüllen. Über Nacht trocknen lassen.

ZUTATEN FÜR DIE ZUCKERTAUBEN

1 Eiweiß (Größe L)
250 g gesiebter Puderzucker

1 Rezept Englischer Früchtekuchen (Seite 12) in einer Springform oder runden Form (Ø 32 cm) backen. **1 Rezept Schokoladenkuchen** (Seite 13) in einer Springform (Ø 18 cm) backen.
Die Kuchen mit **8 Esslöffeln Aprikosenglasur** (Seite 15) bestreichen.
1 ½ kg Rollfondant ausrollen. Beide Kuchen damit einkleiden.
Isomalt kochen. Auf Backpapier zu Tropfen formen und an die Torte kleben. Mit Tauben und weißem Zuckerguss dekorieren.

TIPP: Isomalt ist ein Zuckerprodukt zum Zubereiten von Karamell. Es wird beim Erhitzen flüssig und lässt sich wie Karamell verarbeiten. Es bleibt beim Erkalten klar und durchsichtig.

PHASE ❶ Schablone aufzeichnen. Transparentpapier auflegen. Ränder der Blütenblätter aufspritzen.

PHASE ❷ Die Blütenblätter mit Spritzguss ausfüllen.

PHASE ❸ Die Innenflächen mit gelben Punkten bespritzen.

Hochzeitstorte mit Margeriten

ZUTATEN FÜR DIE MARGERITEN

1 Rezept Spritzguss (Seite 16) zubereiten.

2 Esslöffel des Gusses gelb färben. In Spritztüten füllen.

1 Rezept Englischer Früchtekuchen (Seite 12) in einer Springform (Ø 24 cm) backen. **2 Rezepte Zitronenkuchen** (Seite 14) in einer Springform (Ø 18 cm) backen. **1 Rezept Buttercreme** (Seite 15) zubereiten. Beide Kuchen glatt schneiden und mit der Buttercreme einstreichen. **1 kg Rollfondant** hellgrün färben und die Kuchen damit einkleiden. Übrigen Fondant dunkelgrün färben. Ausrollen und in 3 cm breite Streifen schneiden. Mit verschlagenem Eiweiß an den Rand kleben. Mit Margeritenblüten dekorieren.

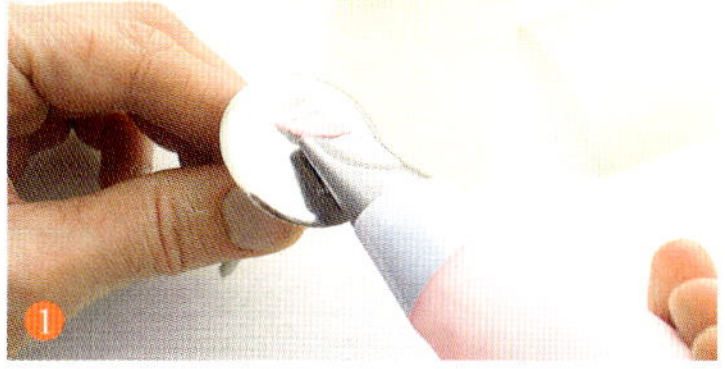

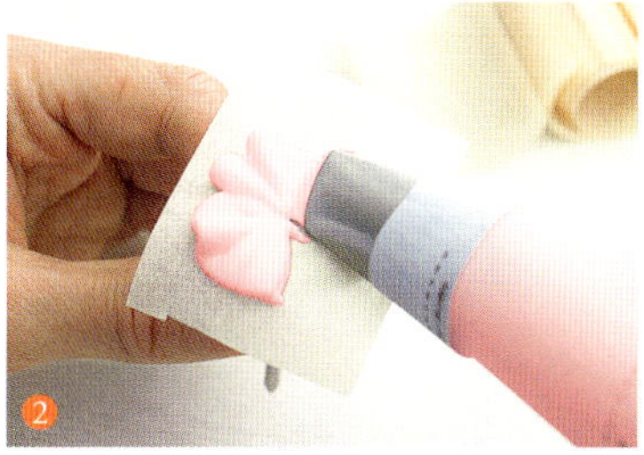

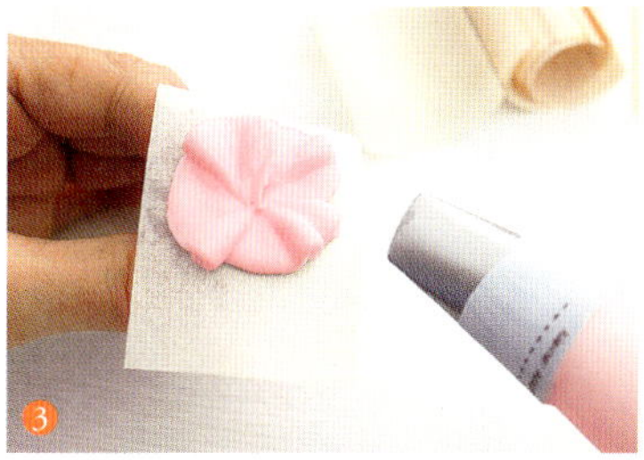

Rosa Hochzeitstorte 4-stöckig

ZUTATEN
2 Eiweiß (Größe L)
60 g Zucker
rote Speisefarbe
400 g gesiebter Puderzucker
oder Icing-Mix

2 Rezepte Englischer Früchtekuchen (Seite 12) in einer Form (Ø 32 cm) backen. **2 Rezepte Nusskuchen** (Seite 14) in einer Springform (Ø 24 cm) backen. **1 Rezept Englischer Früchtekuchen** (Seite 12) in einer Form (Ø 16 cm) backen. **½ Rezept Zitronenkuchen** (Seite 14) in einer Form (Ø 10 cm) backen. Die Kuchen glatt schneiden und mit **300 g Aprikosenglasur** (Seite 15) einstreichen. **3 kg Rollfondant** rosa marmoriert einfärben. Mit Puderzucker bestreuen, ausrollen und jeden Kuchen damit einkleiden. Ein Band aus rotem Zuckerguss aufspritzen. Eiweiß mit Zucker und Speisefarbe steif schlagen. Puderzucker kurz unterschlagen oder Icingmix nach Packungsanleitung zubereiten, rosa einfärben. Torte mit Blüten verzieren.

PHASE ❶ Einen Tupfen Icing-Mix oder Blütenbaiser auf einen Blütennagel geben. Backpapier auflegen.

PHASE ❷ Mit einer Rosentülle 3 Blüten aufsetzen, dabei den Nagel drehen.

PHASE ❸ Das letzte Blütenblatt nach innen ziehen. 1 Tag trocknen lassen.

PHASE ❹ Mit gelbem Baiser Tupfen in die Blüten setzen. Mit rotem Farbspray übersprühen.

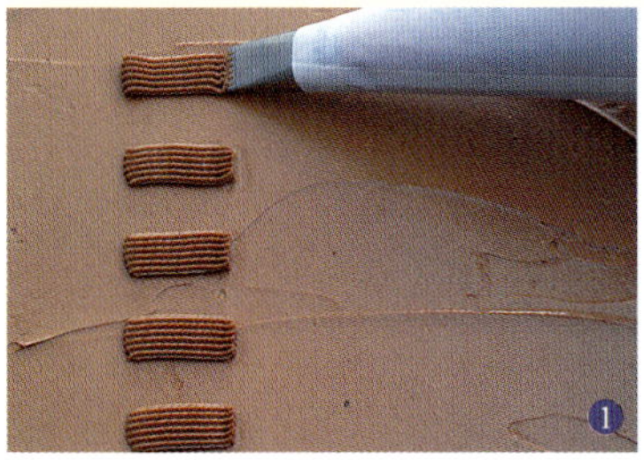

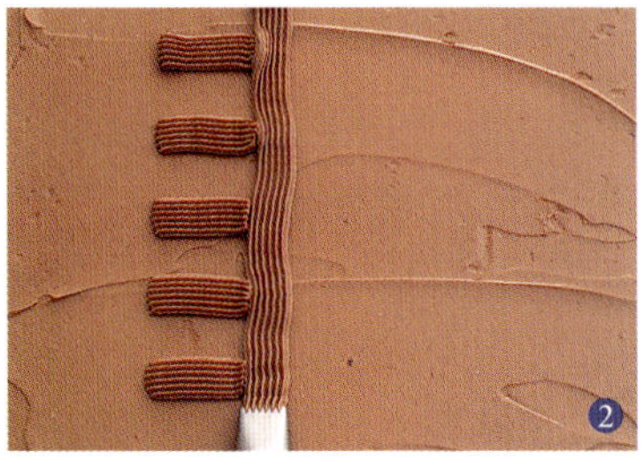

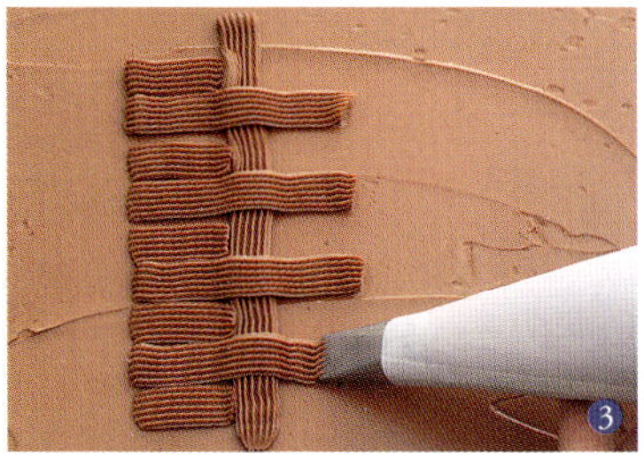

PHASE ❶ Mit einer Sternbandtülle kurze Streifen an einer gedachte Linie aufspritzen.

PHASE ❷ Einen Streifen mit Lochtülle ansetzen.

PHASE ❸ Kurze Stücke daransetzen.

PHASE ❹ Weiter fortfahren, bis ein Korbmuster entstanden ist.

Cremekorb mit Rosen

ZUTATEN FÜR DAS KORBMUSTER

1 Rezept Buttercreme (Seite 15)
3 EL flüssige Zartbitter-Kuvertüre

1 ½ Rezepte Schokoladenkuchen (Seite 13) in einem Backrahmen (30 x 30 cm) backen. **Buttercreme** zubereiten. Den Kuchen in vier Stücke (15 x 15 cm) schneiden und mit **3 Esslöffeln aufgelöster Schokolade** aufschichten. Die Ränder glatt schneiden.
Den Kuchen mit einem Teil der Buttercreme bestreichen. Etwa 12 Esslöffel Buttercreme abnehmen und in einen Spritzbeutel mit Lochtülle geben. Restliche Creme mit flüssiger Zartbitter-Kuvertüre verrühren und in einen Spritzbeutel mit breiter Sternbandtülle füllen. Ein Korbmuster aufspritzen. Mit Marzipanrosen und -blättern (Seite 92) dekorieren.

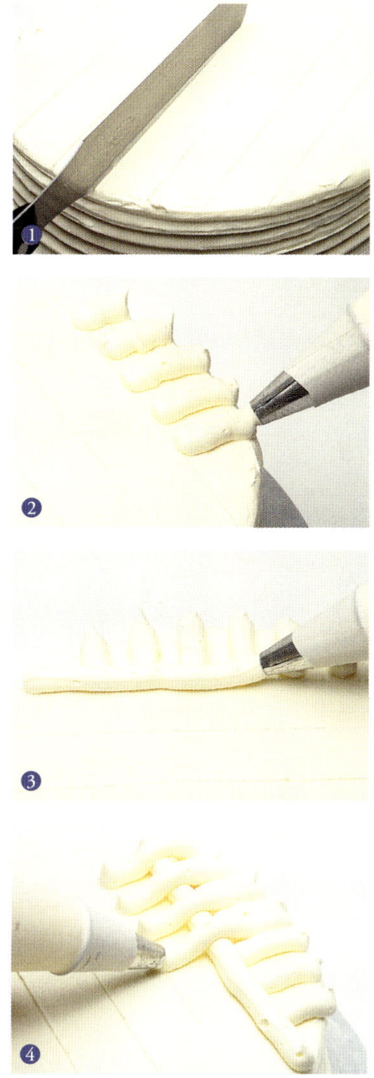

Zitronenkuchen mit Gittermuster

ZUTATEN FÜR DAS GITTERMUSTER

1 Rezept Zitronen-Buttercreme (Seite 15)

1 Rezept Zitronenkuchen (Seite 14) in einer Springform (Ø 26 cm) backen. Zitronen-Buttercreme zubereiten. Die Torte mit einem Teil der Creme einstreichen. Restliche Creme in einen Spritzbeutel mit Lochtülle füllen. Mit Zuckerblüten (Seite 22) garnieren.

PHASE ❶ Den Rand mit einem Zackenschaber verzieren. Mit einem Messer die Abstände auf der Oberfläche vorzeichnen.

PHASE ❷ Die ersten Cremelinien zum Rand hin spritzen.

PHASE ❸ Eine Querlinie ansetzen.

PHASE ❹ Die Zwischenräume mit Linien füllen und über die Querlinie bis zur nächsten Markierung spritzen. So fortfahren, bis die Oberfläche bedeckt ist.

PHASE ❶ Den Kuchen dünn mit Buttercreme einstreichen. Die Oberfläche mit einem Zackenspachtel verzieren.

PHASE ❷ Die Torte auf einen Servierteller schieben. Schokoladencreme in einen Spritzbeutel mit einer breiten Bandtülle geben. Das erste Band oben anspritzen.

PHASE ❸ Mittleres und unteres Band anspritzen.

PHASE ❹ Mit Schokoladenspänen bestreuen.

Mandelkuchen mit Bänderrand

ZUTATEN FÜR DIE GARNITUR

1 Rezept Vanille-Buttercreme (Seite 15)
100 g geschmolzene Zartbitter-Kuvertüre
Schokoladenspäne (Seite 84)

1 Rezept Mandelkuchen (Seite 14) in einer Springform (Ø 18 cm) backen. Vanille-Buttercreme zubereiten. Den Kuchen mit einem Teil der Creme einstreichen. Die restliche Creme mit **geschmolzener, etwas abgekühlter Zartbitter-Kuvertüre** verrühren. Kurz kühl stellen.

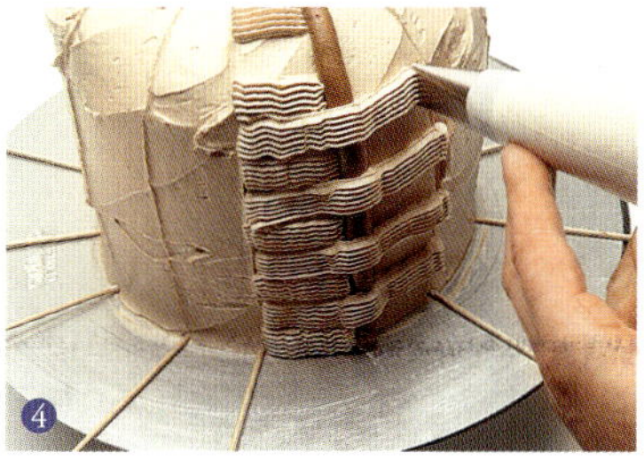

Bienenkorb

ZUTATEN FÜR DAS KORBMUSTER

2 Rezepte Schokoladen-Buttercreme (Seite 15)

1 EL Kakaopulver

2 Rezepte Mandelkuchen (Seite 14) in zwei Springformen (Ø 18 cm) backen. Den oberen Teil kuppelförmig zurechtschneiden. Teigreste daraufgeben. Schokoladen-Buttercreme zubereiten. Den Kuchen mit der Hälfte der Creme bestreichen. Die Hälfte der restlichen Creme in einen Spritzbeutel mit breiter Sternbandtülle füllen. Restliche Creme mit **1 Esslöffel Kakao-pulver** verrühren und dunkel färben. Creme in einen Spritzbeutel mit Lochtülle füllen.

PHASE ❶ Den Kuchen dünn mit Buttercreme einstreichen. Die vertikalen Linien eindrücken und mit Holzspießen markieren.

PHASE ❷ Das Korbflechtwerk mit jeweils einer Lücke aufspritzen.

PHASE ❸ Holzstäbchen entfernen. Eine dunkle Linie nach oben ziehen.

PHASE ❹ Korbgeflecht in die Lücke über die Stablinie aufspritzen. So fortfahren, bis sich das Korbmuster schließt.

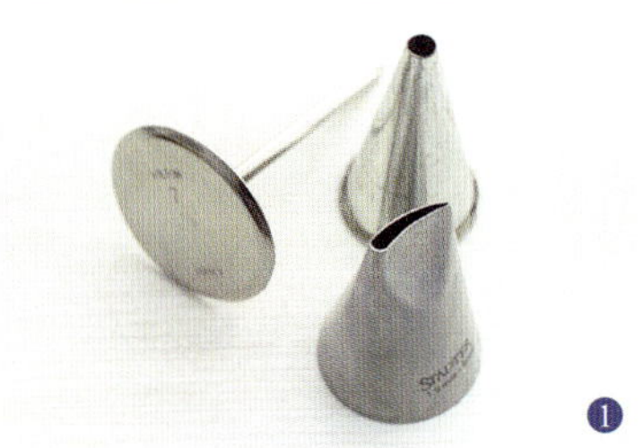

PHASE ❶ Rosennagel, Lochtülle und Blatttülle bereitlegen.

PHASE ❷ Den Rosennagel in die Hand nehmen und mit der Lochtülle einen Tupfen Buttercreme aufspritzen.

PHASE ❸ Mit der Blatttülle unter Drehen des Rosennagels Rosenblätter ansetzen. Kühl stellen und mit einem Messer vom Teller nehmen.

Cremerosen

ZUTATEN FÜR DIE GARNITUR

1 Rezept Buttercreme (Seite 15)

violetter Zucker

½ Rezept Zitronenmuffins (Seite 14) backen. Buttercreme zubereiten. Die Muffins umdrehen und die Papierförmchen entfernen. Mit Buttercreme einstreichen und kühl stellen. Mit violettem Zucker bestreuen und mit einer Cremerose garnieren.

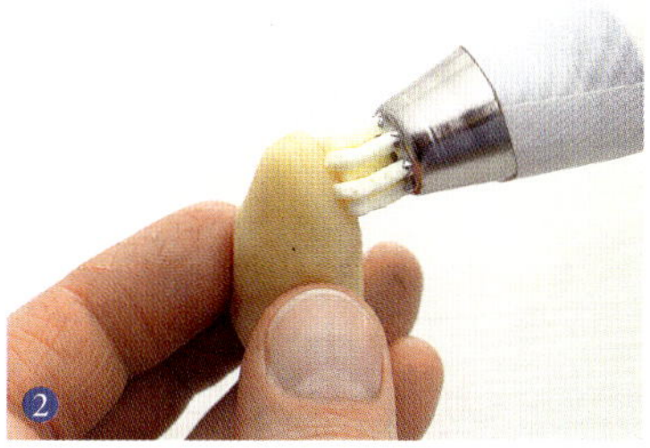

Hochzeitstorte mit Cremedahlien

ZUTATEN FÜR DIE GARNITUR

2 Rezepte Buttercreme (Seite 15)

2 Rezepte Zitronenkuchen (Seite 14) in einer Springform (Ø 26 cm) backen. **1 Rezept Schokoladenkuchen** (Seite 13) in einer Springform (Ø 18 cm) backen. Buttercreme zubereiten. Die Kuchen einzeln mit Creme bestreichen und aufschichten. Kühl stellen und mit den Blüten dekorieren. Mit einer Blatttülle Blätter aus der Buttercreme ansetzen.

PHASE ❶ Einen Stempel aus Marzipan formen. Mehrlochtülle bereitlegen.

PHASE ❷ Creme auf den Stempel aufspritzen. Etwa in der Mitte beginnen.

PHASE ❸ Weiter hinaufarbeiten, den Stempel dabei drehen.

PHASE ❹ Die Mitte ausarbeiten und die Blüten kühl stellen.

PHASE ❶ Die Torte mit der Hälfte der Buttercreme rundherum sorgfältig einstreichen.

PHASE ❷ Auf der Tortenoberfläche vier Felder markieren.

PHASE ❸ Dunkle und helle Buttercreme in zwei Spritzbeutel mit Lochtülle (Ø je 10 mm) füllen. Zuerst die helle in Tupfen auf zwei gegenüberliegende Felder spritzen, dann die dunkle Creme in die freien Felder spritzen. Zum Schluss die Ränder verzieren.

Quadrat-Torte

ZUTATEN FÜR DIE GARNITUR

1 Rezept Buttercreme (Seite 15)
70 g geschmolzene Schokolade

1 ½ Rezepte Mandelkuchen (Seite 14) in einem Backrahmen (25 x 25 cm) backen. Buttercreme zubereiten. Die Torte mit der Hälfte der Creme einstreichen. Die Hälfte der restlichen Buttercreme mit geschmolzener, etwas abgekühlter Schokolade verrühren.

1

2

3

Kringeltorte

ZUTATEN FÜR DIE GARNITUR

1 Rezept Buttercreme (Seite 15)

70 g Schokolade

1 Rezept Nusskuchen (Seite 14) in einer Springform (Ø 18 cm) backen. Buttercreme zubereiten.

PHASE 1 Schokolade in Stücke brechen und im Wasserbad schmelzen und etwas abkühlen lassen. Unter die Hälfte der Buttercreme rühren. Helle und dunkle Buttercreme in zwei Spritzbeutel mit Lochtülle (Ø 13 mm) füllen.

PHASE 2 Torte auf eine Tortendrehscheibe stellen. Dünn mit etwas dunkler Buttercreme einstreichen.

PHASE 3 Helle und dunkle Buttercreme von unten nach oben, bzw. von außen nach innen ringförmig an den Tortenrand und auf die Oberfläche spritzen.

PHASE ❶ Die eingestrichenene Torte auf eine Servierplatte schieben. Den unteren Rand mit großen Rosetten bespritzen.

PHASE ❷ Die Rosetten nach oben hin anlegen.

PHASE ❸ Die gezuckerten Veilchenblüten mit einer Pinzette anbringen.

Vergissmeinnicht-Rosetten-Torte

ZUTATEN
2 Rezepte Vanille-Buttercreme
etwa 35 gezuckerte Vergissmeinnicht-Blüten

2 Rezepte Schokoladenkuchen (Seite 13) in einer Springform (Ø 26 cm) backen. **2 Rezepte Vanille-Buttercreme** (Seite 15) zubereiten. Etwa **35 gezuckerte Vergissmeinnicht-Blüten** (Seite 34) zubereiten. Den Schokoladenkuchen halbieren und mit **5 Esslöffeln Vanille-Buttercreme** füllen. Die Torte dünn mit Buttercreme einstreichen. Übrige Creme in einen Spritzbeutel mit großer Rosettentülle füllen.

TIPP: Die Torte lässt sich auch mit 1200 g Schlagsahne, die mit 150 g Zucker und 4 Päckchen Dr. Oetker Sahnesteif in 2 Portionen steif geschlagen wurde, zubereiten. Die Blüten sollten aber erst im letzten Moment aufgelegt werden, da sie weich werden.

Girlanden-Torte

ZUTATEN
1 Rezept Vanille-Buttercreme
violette Zuckerperlen

2 Rezepte Zitronenkuchen (Seite 14) in einer Springform (Ø 18 cm) backen. **1 Rezept Vanille-Buttercreme** (Seite 15) zubereiten. Den Kuchen mit einem Teil der Buttercreme einstreichen. Kühl stellen und auf eine Servierplatte schieben. Restliche Buttercreme in einen Spritzbeutel mit Sterntülle füllen.

PHASE ❶ Buttercreme in einen Spritzbeutel mit Sterntülle (Ø 8 mm) füllen und an den unteren Rand Tupfen spritzen.

PHASE ❷ Eine Reihe Tupfen an den oberen Rand spritzen.

PHASE ❸ Girlanden an den Rand und die Oberfläche aufspritzen.

PHASE ❹ Violette Zuckerperlen mit einer Pinzette auf den Tupfen anbringen.

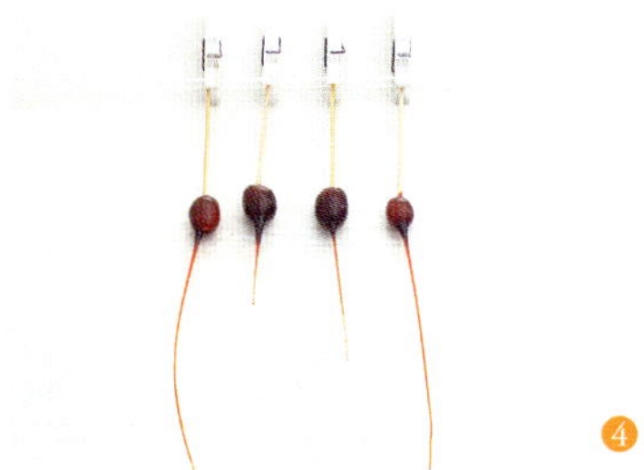

PHASE ① Weintrauben abspülen, trocken reiben und auf Holzspieße stecken.

PHASE ② Zucker in einen Topf geben und bei mittlerer Hitze langsam schmelzen.

PHASE ③ Trauben in den Karamell tauchen.

PHASE ④ An einer Leine mit Wäscheklammern aufhängen und abtropfen lassen.

Schokokuchen mit Karamell-Trauben

ZUTATEN FÜR DIE KARAMELL-TRAUBEN

10 dunkle Weintrauben
200 g Zucker
Holzspieße

1 Rezept Schokoladenkuchen (Seite 13) zubereiten. In einer Springform (Ø 26 cm) backen.

1 Rezept Canache-Creme (Seite 15) zubereiten. Den Kuchen damit bestreichen. **2 Esslöffel Kakaopulver** darüberstäuben. Mit den Karamell-Trauben garnieren.

TIPP: Karamellprobe! Wenn der Zucker zu kurz kocht, bleibt er flüssig und wird nicht fest. Kocht er zu lange, wird er beim Erkalten milchig. Daher sollte man beim Kochen eine Probe auf einen kühlen Gegenstand tropfen. Sobald sich klare Perlen bilden, ist der Zucker perfekt gekocht. Sofort vom Herd nehmen. Den Topf kurz in kaltes Wasser tauchen, damit die Masse sich abkühlt.

Karamell-Fäden

ZUTATEN FÜR DIE KARAMELL-FÄDEN

100 g Zucker
1 Flaschenkorken
4 Holzspieße

1 Rezept Zitronenkuchen (Seite 14) in eine Tarteform (Ø 26 cm) streichen. **3 Bio-Zitronen** (unbehandelt, ungewachst) in Scheiben schneiden und darauflegen. **3 Esslöffel Zucker** daraufstreuen. Bei **180 °C** (**Ober-/Unterhitze**) 30 Minuten backen.

PHASE ❶ Zucker in einen Topf streuen, sodass der Boden gleichmäßig bedeckt ist. Bei schwacher Hitze langsam karamellisieren lassen.

PHASE ❷ Aus einem Korken und Holzspießen einen Quirl zusammenstecken.

PHASE ❸ Die Holzspieße in den Karamell tauchen und Zuckerfäden über den Kuchen ziehen.

PHASE ❶ Alufolie mit Pflanzenöl einstreichen.

PHASE ❷ Zucker und Wasser einkochen, bis es honiggelb wird.

PHASE ❸ Auf der Folie verteilen, abkühlen lassen und zerbrechen.

Karamellsplitter-Torte

ZUTATEN FÜR DIE KARAMELLSPLITTER

Alufolie
1 EL Pflanzenöl
200 g Zucker
50 ml Wasser

1 Rezept Schokoladenkuchen (Seite 13) in einer Springform (Ø 18 cm) backen.
1 Rezept Schokoladen-Buttercreme (Seite 15) zubereiten.
Den Kuchen damit einstreichen. Mit den Karamellsplittern verzieren.

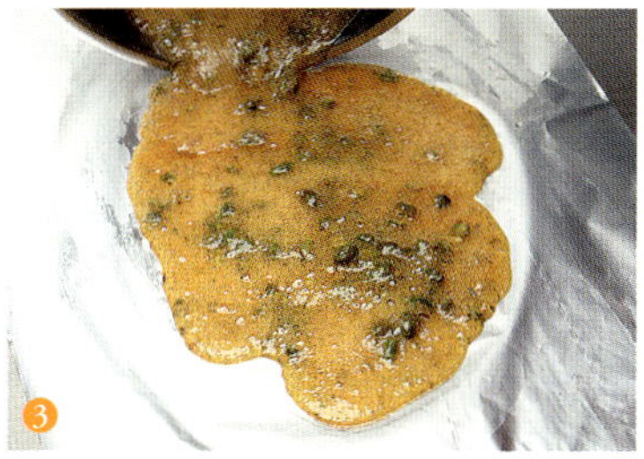

Pistazien-Karamell

ZUTATEN FÜR DEN PISTAZIEN-KARAMELL

200 g Zucker
50 ml Wasser
50 g gehackte Pistazienkerne

1 Rezept Mandelmuffins (Seite 14) und **1 Rezept Buttercreme** (Seite 15) zubereiten. Die Buttercreme in einen Spritzbeutel mit Sterntülle füllen. Die Muffins umdrehen und die Papierförmchen abziehen. Muffins mit der Buttercreme garnieren.

PHASE 1 Zucker und Wasser zum Kochen bringen, bis es am Rand braun wird.

PHASE 2 Pistazien unter den Karamell rühren.

PHASE 3 Die Karamellmasse auf ein Stück geölte Alufolie gießen und 1–2 Minuten abkühlen lassen.

PHASE 4 Ein großes Messer einölen. Den warmen Karamell in Stücke schneiden. Ganz abkühlen lassen und die Alufolie abziehen. Die Muffins mit dem Pistazien-Karamell garnieren.

PHASE 1 Alufolie mit Speiseöl einstreichen. Minzeblättchen abspülen, trocken tupfen. Blättchen von den Stängeln zupfen.

PHASE 2 Wasser, Zucker, Minzöl und Speisefarbe in einen Topf geben. Zum Kochen bringen.

PHASE 3 Tropfenprobe machen. Wenn sich Perlen bilden, den Topf vom Herd nehmen.

PHASE 4 Karamellkleckse auf die Folie geben, mit Minze belegen.

Minzplättchen-Torte

ZUTATEN FÜR DEN MINZ-KARAMELL

Alufolie
1 EL Speiseöl
25 Minzeblättchen
50 ml Wasser
200 g Zucker
2 Tropfen Minzöl
grüne Speisefarbe

1 Rezept Schokoladenkuchen (Seite 13) in einem Backrahmen (26 x 26 cm) backen. **1 Rezept Buttercreme** (Seite 15) zubereiten. Den Kuchen in 13 x 13 cm große Stücke schneiden. Mit Buttercreme aufschichten und bestreichen. Die Torte mit dem Minz-Karamell garnieren.

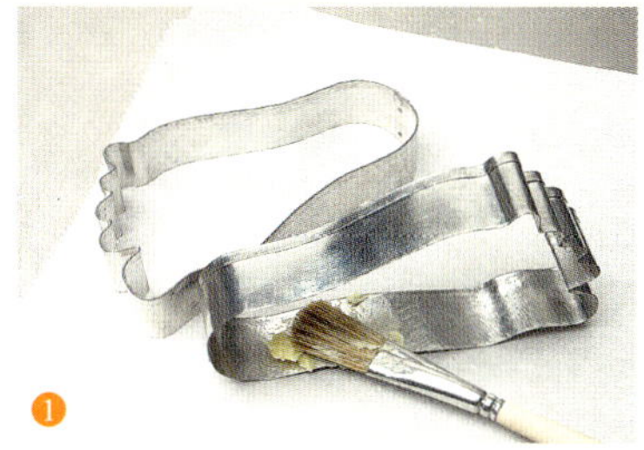
1

2

3

4

Rote Karamell-Füße

ZUTATEN FÜR DIE KARAMELL-FÜSSE
200 g Isomalt
rote Speisefarbe

1 Rezept Zitronenkuchen (Seite 14) in einer Springform (Ø 18 cm) backen. **1 Rezept Buttercreme** (Seite 15) zubereiten und den Kuchen damit einstreichen. **20 g Kokosraspel** daraufstreuen. Alufolie mit Speiseöl einstreichen. 8 Fuß-Ausstecher darauflegen. Auf die Torte legen. Die Torte mit **rotem Zucker** umstreuen.

PHASE 1 Die Fuß-Formen mit Butter einstreichen und 5 Minuten ins Tiefkühlgerät legen.

PHASE 2 Isomalt auflösen. Speisefarbe zugeben. Isomalt erhitzen, bis es flüssig ist.

PHASE 3 Die Formen auf Backpapier oder Backfolie stellen. Das flüssige Isomalt in die Formen gießen.

PHASE 4 Die nicht ganz ausgekühlten Füße aus der Form lösen und erkalten lassen.

1

2

3

PHASE 1 Physalisblätter nach außen drücken, Früchte abspülen und trocken tupfen.

PHASE 2 Wasser und Zucker aufkochen. Nach 2–3 Minuten den Zucker auf eine Palette tropfen. Sind die Tropfen wie Perlen, ist der Karamell gut.

PHASE 3 Physalis in den Karamell tauchen und auf mit Speiseöl bestrichene Alufolie setzen.

Schneeberge mit karamellisierten Physalis

ZUTATEN FÜR DIE KARAMELLISIERTEN PHYSALIS

20 Physalis
50 ml Wasser
200 g Zucker
1 EL Speiseöl
Alufolie

1 Rezept Zitronenmuffins (Seite 14) zubereiten. Die Papierförmchen abziehen und die Muffins umdrehen.

1 Rezept Buttercreme (Seite 15) zubereiten. In einen Spritzbeutel mit Lochtülle füllen. Die Muffins auf eine Torten-Drehscheibe oder auf eine Tortengarnierplatte setzen. Die Buttercreme in Kreisen darumspritzen. Die karamelisierten Physalis kurz vor dem Servieren auf die Schneeberge setzen.

1

2

3

Schoko-Kästchen mit karamellisierten Erdbeeren

ZUTATEN FÜR DIE KARAMELLISIERTEN ERDBEEREN

12 Erdbeeren
12 Holzspieße
50 ml Wasser
200 g Zucker
Speiseöl
Alufolie

1 Rezept Mandelkuchen (Seite 14) auf einem Backblech backen.
1 Rezept Vanille-Buttercreme (Seite 15) zubereiten.
Den Kuchen in 12 x 12 cm große Stücke schneiden. 6 Kuchenstücke mit Buttercreme bestreichen und zu etwa 12 cm Höhe aufschichten. Die Torte mit **125 g Vollmilch-Schokoladen-Täfelchen** belegen. Die karamellisierten Erdbeeren auf das Kästchen legen.

PHASE 1 Erdbeeren abspülen und trocken tupfen.

PHASE 2 Erdbeeren auf Spieße stecken.

PHASE 3 Wasser und Zucker zu Karamell kochen. Nach 2–3 Minuten auf eine Palette tropfen. Sind die Tropfen wie Perlen, ist der Karamell gut. Die Erdbeeren eintauchen und auf geölte Alufolie setzen.

1

2

3

PHASE 1 Kuvertüre temperieren (Seite 16). Frische Rosenblätter abspülen, trocken tupfen, mit Kuvertüre bestreichen. Auf ein Stück Backpapier legen.

PHASE 2 Die Kuvertüre anziehen lassen.

PHASE 3 Die Rosenblätter von den erstarrten Kuvertüreblättern abziehen.

Schokoladenblätter-Torte

ZUTATEN FÜR DIE SCHOKOLADENBLÄTTER

200 g Zartbitter-Kuvertüre
etwa 25 ungespritzte, feste Blätter, z. B. Rosenblätter, Efeublätter
Backpapier

1 Rezept Schokoladenkuchen (Seite 13) in einer Springform (Ø 18 cm) backen. 2-mal waagerecht durchschneiden und mit einem Teil von **1 Rezept Canache-Creme** (Seite 15) füllen. Mit der restlichen Creme bestreichen. Mit **1 Esslöffel Kakaopulver** bestäuben.
Die Torte mit Schokoladenblättern und **150 g verlesen Himbeeren** garnieren.

Vergoldete Schokoladengarnitur

ZUTATEN FÜR 12 MUFFINS

1 Rezept Schokoladenmuffins (Seite 13) in Papierförmchen backen. In **½ Rezept Canache-Creme** (Seite 15) eintauchen und abkühlen lassen. **200 g Zartbitter-Kuvertüre** temperieren (Seite 16). Mit einem Esslöffel Kleckse auf ein Stück saubere Noppenfolie geben. Anziehen lassen. Die festen Schokoladenteile von der Folie lösen. Die Oberfläche ganz leicht erwärmen und mit **24-karätigem Transfer-Blattgold** belegen. Vergoldete Schokoladenteile auf den Schokoladenmuffins verteilen.

Schokoladenförmchen

ZUTATEN FÜR 4–6 MUFFINS

200 g Kuvertüre temperieren (Seite 16).

6 Muffin-Papierförmchen in die Mulden eines Muffinblechs legen und mit Schokolade ausgießen. Die Schokolade 2 Minuten anziehen lassen. Die Förmchen ausgießen. Schokolade fest werden lassen. **Einige Kuchenreste** oder **6 Löffelbiskuits** in Stücke schneiden und in die Schokoladenförmchen geben. Mit **50 ml Marsala** tränken.

250 g Erdbeeren abspülen, trocken tupfen, die Stängelansätze entfernen. Die Erdbeeren in die Förmchen geben. Mit **2 Esslöffeln Puderzucker** bestäuben.

PHASE ❶ Temperierte Kuvertüre (Seite 16) mit einem Spachtel auf eine Marmorplatte streichen.

PHASE ❷ Die Kuvertüre anziehen lassen, bis sie matt und fest ist.

PHASE ❸ Mit einem Japanspachtel Röllchen abschaben.

Canache-Baiser mit Schoko-Röllchen

ZUTATEN FÜR DIE SCHOKORÖLLCHEN
200 g Zartbitter-Kuvertüre

1 Rezept Mandelbaiser (Seite 14) zubereiten. Esslöffelweise auf ein Backblech geben und backen.
1 Rezept Canache-Creme (Seite 15) zubereiten und abkühlen lassen. Die erkalteten Mandelbaisers mit jeweils einem Löffel Canache-Creme bestreichen. Schokoladenröllchen daraufgeben. Mit **Kakaopulver** bestäuben.

Zitronenkuchen mit Schokorand und Baiserhaube

ZUTATEN FÜR DEN SCHOKORAND

150 g Zartbitter-Kuvertüre
Backpapier

1 Rezept Zitronenkuchen (Seite 14) in einer Springform (Ø 18 cm) backen. **1 Rezept Baiser** (Seite 14) zubereiten und auf den Kuchen streichen. Unter dem Grill des Backofens etwa 2 Minuten grillen. Abkühlen lassen und mit einem Schokoladenrand garnieren.

PHASE ❶ Kuvertüre temperieren (Seite 16). Einen Backpapierstreifen von 57 cm Länge und 12 cm Breite schneiden.

PHASE ❷ Den Backpapierstreifen mit Kuvertüre bestreichen.

PHASE ❸ Die Kuvertüre etwas anziehen lassen und den Bogen um die Torte legen.

PHASE ❹ Die Kuvertüre fest werden lassen und das Papier abziehen.

PHASE 1 Den Schokoladenkuchen in 3 Böden schneiden.

PHASE 2 Die Böden mit Sahne aufschichten.

PHASE 3 Den Schokoladenblock senkrecht an den Tortenrand halten und mit einem großen Messer Späne abschaben.

PHASE 4 Die Kirschen mit einem Löffel als Häufchen auf die Torte geben.

Schoko-Kirschberg

ZUTATEN FÜR DIE SCHOKOLADENSPÄNE

200 g Zartbitter-Kuvertüre

1 Rezept Schokoladenkuchen (Seite 13) in einer Springform (Ø 20 cm) backen. Zweimal waagerecht durchschneiden. Die Böden mit **4 Esslöffeln Kirschwasser** tränken.

1000 g Schlagsahne mit **120 g Zucker** und **4 Päckchen Dr. Oetker Sahnesteif** in 2 Portionen steif schlagen. Die Böden mit Sahne aufschichten. Mit Schokoladenspänen dekorieren.

Mit **370 g gut abgetropften Sauerkirschen** (aus dem Glas) belegen.

TIPP: Die Kuvertüre wird nicht aufgebraucht. Sie brauchen jedoch einen größeren Block, um die Späne abschaben zu können.

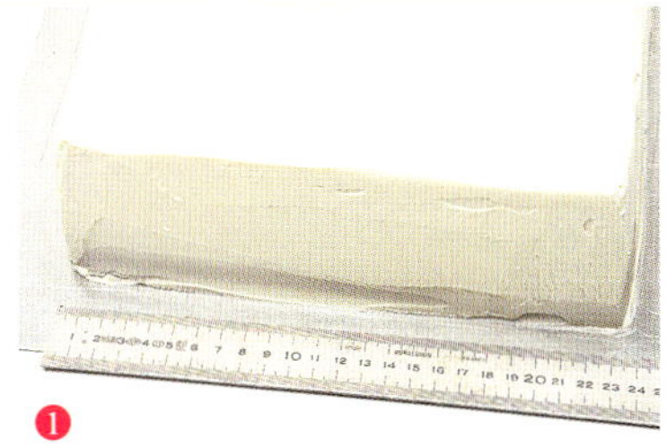

❶

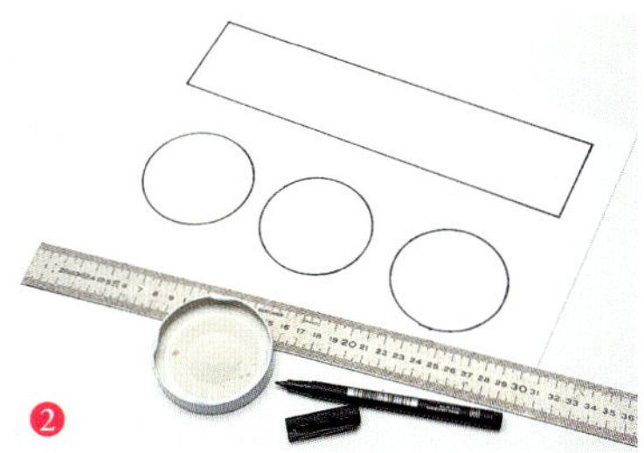

❷

❸

❹

Torte mit Spitzen-Ornamenten

ZUTATEN FÜR DIE SPITZENORNAMENTE
100 g Zartbitter-Kuvertüre
Pergamentpapier
2–3 Tropfen Rum

2 Rezepte Zitronenkuchen (Seite 14) auf zwei Backblechen backen. Die Kuchenplatten zu vier gleichmäßigen Quadraten schneiden. Die Kuchenplatten mit dem durchgesiebten **Saft von 6 Zitronen** tränken.
1000 g Schlagsahne mit **120 g Zucker** und **4 Päckchen Dr. Oetker Sahnesteif** in 2 Portionen steif schlagen. Quadrate mit Schlagsahne bestreichen und aufschichten.
Den Rand mit Sahne bestreichen. Mit Spitzen-Ornamenten dekorieren.

TIPP: Durch die Zugabe von Rum wird die Kuvertüre leicht zäh und lässt sich exakt spritzen. Der Rum muss jedoch sehr vorsichtig dosiert werden.

PHASE ❶ Den Kuchen mit Buttercreme einstreichen. Die Seitenlängen ausmessen.

PHASE ❷ Auf einen Bogen Papier Rechtecke mit den ausgemessenen Längen und Kreise (Ø 7 cm) aufzeichnen.

PHASE ❸ Zartbitter-Kuvertüre im Wasserbad schmelzen lassen und Rum zugeben und verrühren.

PHASE ❹ Spritzschokolade in ein Papiertütchen füllen. Ornamente aufspritzen.

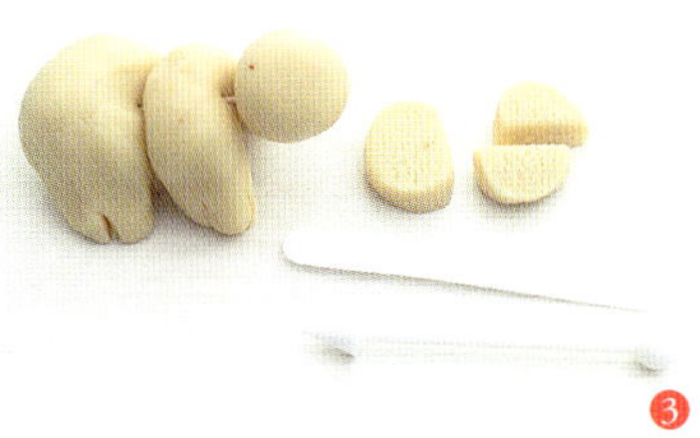

PHASE ❶ Marzipan zu einer Rolle (Ø 4 cm) formen. Die Rolle halbieren. Eine Hälfte in 4 unterschiedliche Stücke für Ringelschwanz, Ohren, Glücksklee und Schnauze teilen.

PHASE ❷ Drei Kugeln aus der restlichen Rolle formen, zwei für den Vorder- und Hinterkörper, eine für den Kopf.

PHASE ❸ Aus zwei Kugeln die Beine herausschneiden. Körper zusammensetzen.

PHASE ❹ Den Kopf ansetzen. Ohren und Ringelschwanz anfügen. Die Schnauze formen und anmalen.

Schokotorte mit Glücksschwein

ZUTATEN FÜR GLÜCKSSCHWEIN

200 g Marzipan-Rohmasse
50 g gesiebter Puderzucker
Speisefarben

1 Rezept Schokoladenkuchen (Seite 13) in einer Springform (Ø 18 cm) backen. **1 Rezept Canache-Creme** (Seite 15) zubereiten. Den Kuchen damit überziehen. **1 Esslöffel Kakaopulver** darüberstäuben. Mit einem Glücksschwein garnieren. Marzipan mit Puderzucker verkneten. Mit Speisefarbe anmalen.

Glückskäfer

FÜR 2 MARIENKÄFER:

70 g Zartbitter-Kuvertüre temperieren und in eine Spritztüte (Seite 16) füllen.

Zweimal die Beine und Fühler auf Frischhaltefolie spritzen. Fest werden lassen. **100 g Marzipan-Rohmasse** teilen und zu je einer Kugel formen. Mit dem Modellierbesteck den Kopf ausformen und mit geschmolzener Schokolade dunkel anmalen. Den Körper mit **roter Speisefarbe** anmalen. Mit Kuvertüre aus der Spritztüte dunkle Punkte aufspritzen.

Eisbär

100 g Marzipan-Rohmasse mit **30 g gesiebtem Puderzucker** verkneten. Zu einem Ei formen. Auf die Arbeitsplatte legen und den schmalen Teil länglich rollen. Das dickere Stück zweimal einschneiden. Die Füße herausformen. Mit einem Modellierstäbchen die Tatzen einkerben. Den Kopf nach vorn biegen. Ohren formen und ansetzen. Schnauze einkerben. Die Figur mit **flüssiger Butter** einstreichen. Mit Kokosraspeln und **Zucker** bestreuen. Die Augen und Nase mit etwas Spritzguss und **Schokolade** aus der Spritztüte (Seite 16) garnieren.
Auf eine Marzipanplatte mit Kokosraspeln setzen.

PHASE ❶ Die Stücke zu Kugeln formen. Mit den Händen zu unterschiedlichen Früchten formen.

PHASE ❷ Mit dem Modellierbesteck zu Früchten formen, d. h. Stängel und Blütenansätze ausformen.

PHASE ❸ Orangen mit dem Reliefbrett nacharbeiten.

Schokoladenkorb mit Marzipanfrüchten

ZUTATEN FÜR DIE FRÜCHTE

400 g Marzipan-Rohmasse
200 g gesiebter Puderzucker
gelbe, rote und blaue Speisefarbe

Marzipan-Rohmasse mit **gesiebtem Puderzucker** verkneten. Zu einer Rolle formen. Unterschiedlich große Stücke abschneiden. Früchte modellieren und mit Speisefarben anmalen.

Für den Schokoladenkorb und für die Stiele einen beliebigen Teller mit Frischhaltefolie belegen. **100 g Vollmilch-Schokolade** temperieren (Seite 16) und in eine Spritztüte (Seite 16) füllen. Für den Korb die Schokolade in dünnen Streifen gitterförmig auf den Teller spritzen. Für die Stiele leicht gebogene, unterschiedlich lange Linien spritzen. Fest werden lassen. Die Folie abziehen und die Marzipanfrüchte hineinlegen. Die Stiele in die Früchte stecken.

Muffins mit Pflaume

ZUTATEN FÜR 4 MARZIPANPFLAUMEN
120 g Marzipan-Rohmasse
rote und blaue Speisefarbe
1 TL Speisestärke
evtl. einige Blätter

½ **Rezept Mandelmuffins** (Seite 14) backen.
½ **Eiweiß** (Größe L), **125 g gesiebten Puderzucker** und etwas **blaue Speisefarbe** verrühren. Die Oberfläche der Muffins jeweils hineintauchen.

PHASE ❶ Eine Rolle formen und in 4 Stücke schneiden. Kugeln formen.

PHASE ❷ Eier formen und mit dem Modellierstab einkerben.

PHASE ❸ Zuerst mit roter, dann mit blauer Speisefarbe bemalen.

PHASE ❹ Mit Speisestärke bestäuben, evtl. ungespritzte Blätter hineinstecken.

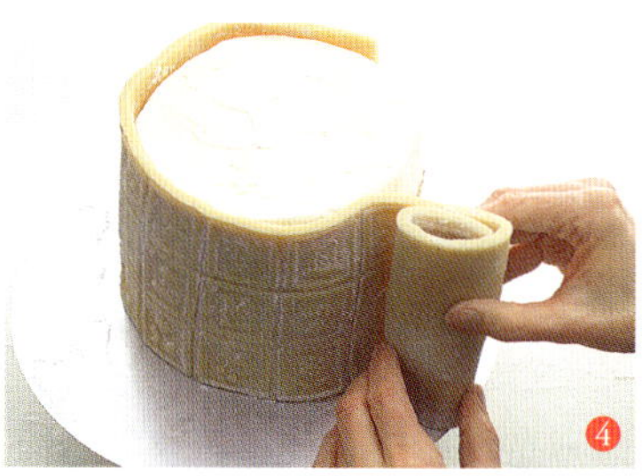

PHASE 1 Zum Messen einen Faden um die Torte legen. Das Marzipan zu einer Rolle formen.

PHASE 2 Die Rolle flach drücken. Mit Puderzucker bestreuen.

PHASE 3 Mit dem Holzmodel Muster einprägen. Die Ränder glatt schneiden und das Marzipan aufrollen.

PHASE 4 Das Marzipan am Rand des Kuchens abrollen und andrücken.

Marzipan-Model-Torte

ZUTATEN FÜR DEN MARZIPANRAND

600 g Marzipan-Rohmasse
100 g Puderzucker

2 Rezepte Nusskuchen (Seite 14) jeweils in einer Springform (Ø 18 cm) backen. **2 Rezepte Buttercreme** (Seite 15) zubereiten. Die Nusskuchen mit der Buttercreme zusammensetzen und bestreichen.

200 g geschälte Haselnusskerne karamellisieren (Seite 73) und oben auf die Torte geben.

1

2

3

4

Gitterkuchen

ZUTATEN FÜR DIE GARNITUR
200 g Marzipan-Rohmasse
100 g gesiebter Puderzucker
grüne Zuckerperlen

1 Rezept Zitronenkuchen (Seite 14) in einer Springform (Ø 24 cm) backen. **3 Esslöffel Aprikosenkonfitüre** verrühren und den Kuchen damit bestreichen. Mit **20 g gehackten Pistazienkernen** bestreuen.

PHASE 1 Marzipan mit Puderzucker verkneten. Auf einer mit Puderzucker bestäubten Arbeitsfläche zu einem Kreis (Ø 35 cm) ausrollen. Auf die zusammengelegte Gitterstanze legen. Mit einer Teigrolle darüberrollen.

PHASE 2 Das Marzipangitter auf eine Tortenunterlage stürzen und etwas auseinanderziehen.

PHASE 3 Das Marzipangitter auf den Kuchen gleiten lassen und andrücken.

PHASE 4 Überstehende Ränder abschneiden. Die ausgestochenen Rhomben mit dem stumpfen Ende eines Schaschlikspießes auf das Marzipangitter drücken. Mit je einer Zuckerperle belegen. Leicht andrücken.

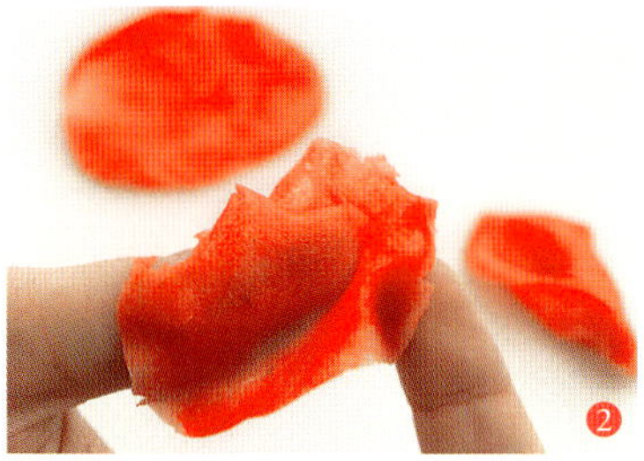

PHASE 1 Eine Kugel formen, unter Folie flach drücken, die Ränder sehr dünn drücken. Mit Metallicpaste bemalen.

PHASE 2 Über einen Finger legen und hohl ausformen.

PHASE 3 Die Blätter zu einer Blüte zusammensetzen.

Rosa Herz

ZUTATEN FÜR DIE ROSENBLÜTEN

200 g Marzipan-Rohmasse
50 g Puderzucker
rote Speisefarbe
Metallicpaste rubinrot
Gefrierbeutelfolie
Zuckerglitter

1 Rezept Zitronenkuchen (Seite 14) in einem gefetteten Herzring von 20 cm auf einem mit Backpapier belegten Backblech backen. Die Oberfläche glatt schneiden, mit rotem Zuckerguss aus **150 g gesiebtem Puderzucker**, **1 Eiweiß** (Größe L) und **roter Speisefarbe** begießen und hin und her bewegen. Mit **rotem Zuckerglitter** bestreuen. Die Seiten mit rosa und **rotem Spritzguss** (Seite 16) aus der **Spritztüte** (Seite 16) verzieren. Marzipan mit Puderzucker verkneten und rosa einfärben. Torte mit Marzipanrosen belegen.

TIPP: Je Rose rechnet man etwa 20 g Marzipan-Rohmasse.

Nelkentorte

ZUTATEN FÜR DIE NELKENBLÜTEN
1 kg Marzipan-Rohmasse
250 g gesiebter Puderzucker
Frischhaltefolie

2 Rezepte Mandelkuchen (Seite 14) in einer Springform (Ø 18 cm) backen. **1 Rezept Mandelkuchen** (Seite 14) in einer Backform (Ø 14 cm) backen. **2 Rezepte Buttercreme** (Seite 15) zubereiten und die Kuchen aufschichten. Mit Buttercreme bestreichen und kühl stellen. Marzipan mit Puderzucker verkneten. 200 g Marzipan abnehmen und grün färben (für etwa 35 Blätter). Marzipan halbieren und eine Hälfte rot färben. Mit Nelkenblüten und Blättern dekorieren.

TIPP: Die Blüten evtl. mit Zahnstochern feststecken. Je Blüte rechnet man etwa 50 g Marzipan-Rohmasse.

PHASE 1 Zwei Rollen formen und zu einer Kordel drehen.

PHASE 2 Mit Folie belegen und mit einem Löffel flach drücken.

PHASE 3 Mit einem Messer von der Arbeitsfläche lösen. Mit einer Gabel ausfransen.

PHASE 4 Vorsichtig aufrollen und zu Blüten formen. Unteren Teil zusammendrücken, mit einer Schere gerade schneiden.

Werkzeuge und Zutaten 8–11
Grundrezepte 12–17
Englischer Früchtekuchen 12
Schokoladenkuchen oder Schokoladenmuffins 13
Knetteig 13
Schokoladen-Knetteig 13
Mandelkuchen oder Mandelmuffins 14
Kokoskuchen 14
Nusskuchen 14
Zitronenkuchen oder Zitronenmuffins 14
Baiser 14
Mandelbaiser 14
Blütenbaiser 14
Icing-Mix 14
Canache-Creme 15
Aprikosenglasur 15
Einfache Buttercreme 15
Schokoladen-Buttercreme 15
Zitronen-Buttercreme 15
Vanille-Buttercreme 15
Läuterzucker 16
Rollfondant 16
Kuvertüre temperieren 16
Spritzguss 16
Spritztüte 16
Torte einstreichen 17
Spritzbeutel füllen 17
Muster mit Sterntüllen 17

Rollfondant oder Zuckerteig 18–23
Rosentraum 18
Kuchen mit Streifenmuster und Margeriten 19
Rote Zuckerherzen 19
Margeriten Petits Fours 20
Geschenkpäckchen 21
Stiefmütterchen-Töpfe 22
Schokoladen-Petits Fours mit Streifendekor 23
Fondantkristalle 23

Zuckerblüten und -früchte 24–27
Zitronentorte mit Rosenblütenblättern 24
Zitronenherz mit Tagetes (Studentenblumen) und Nelken 25
Mandelherz mit Stiefmütterchen und Vergissmeinnicht 25
Schoko-Früchtekuchen mit Zuckerfrüchten 26
Zitronen- und Orangenrosen 27

Bestreuen mit buntem Zucker 28–29
Osternest 28
Eiskristallmuffins 29
Königskuppeln 29

Icing oder Blütenbaiser 30–35
Lilienblütentorte 30
Petits Fours mit Petunien 31
Petits Fours mit Lilien 31
Stiefmütterchen-Muffins 32
Glasierte Zitronen-Fours mit Osterglocken 33
Veilchenkissen 34
Streublümchen-Schokokuchen 35

Bestreuen 36–43
Kokos-Berg mit Kerzen 36
Erdbeertorte mit Kokosrand 37
Geburtstagstorte 38
Tartufo 39
Kuppel mit Streusel-Buchstaben 40
Zebrakuchen 41
Alibabas Nest 42
Gugelhupf mit Schoko-Pistazien-Spiralen 43

Bestäuben 44–47
Kokosherz mit Scherenschnittmuster 44
Zylinderkuchen 45
Karo-Kuchen 46
Schoko-Kuchen mit Kakaostern 47

Glasuren 48–55
Marmorierte Glasur 48
Zitronenglasur mit Herzspirale 49
Himbeerglasur mit Blütenmotiv 50
Kokosglasur mit Punkten 51
Tiere (Zoo) 52
Fische und Seepferdchen 53
Herz-Petits Fours mit Glasur 54
Gugelhupf mit Schokolinsen 55

Spritzguss 56–61
Maiglöckchentorte 56
Hochzeitstorte mit Spitzenmuster (Spitzentraum) 57
Hochzeitstorte mit Ringen 58
Hochzeitstorte mit Tauben 59
Hochzeitstorte mit Margeriten 60
Rosa Hochzeitstorte 4-stöckig 61

Buttercreme 62–71
Cremekorb mit Rosen 62
Zitronenkuchen mit Gittermuster 63
Mandelkuchen mit Bänderrand 64
Bienenkorb 65
Cremerosen 66
Hochzeitstorte mit Cremedahlien 67
Quadrat-Torte 68
Kringeltorte 69
Vergissmeinnicht-Rosetten-Torte 70
Girlanden-Torte 71

Karamell 72–79
Schokokuchen mit Karamell-Trauben 72
Karamell-Fäden 73
Karamellsplitter-Torte 74
Pistazien-Karamell 75
Minzplättchen-Torte 76
Rote Karamell-Füße 77
Schneeberge mit karamellisierten Physalis 78
Schoko-Kästchen mit karamellisierten Erdbeeren 79

Schokolade 80–85
Schokoladenblätter-Torte 80
Vergoldete Schokoladengarnitur 81
Schokoladenförmchen 81
Canache-Baiser mit Schoko-Röllchen 82
Zitronenkuchen mit Schokorand und Baiserhaube 83
Schoko-Kirschberg 84
Torte mit Spitzen-Ornamenten 85

Marzipan 86–93
Schokotorte mit Glücksschwein 86
Eisbär 87
Glückskäfer 87
Schokoladenkorb mit Marzipanfrüchten 88
Muffins mit Pflaume 89
Marzipan-Model-Torte 90
Gitterkuchen 91
Rosa Herz 92
Nelkentorte 93

Alibabas Nest 42
Aprikosenglasur 15

Baiser 14
Bänderrand aus Buttercreme 64
Bestäuben 44–47
Bestreuen 36–43
Bestreuen mit buntem Zucker 28–29
Bienenkorb 65
Blüte aus Marzipan formen 92
Blütenbaiser 14
Buttercreme 62–71
Buttercreme, einfache 15

Canache-Baiser mit Schoko-Röllchen 82
Canache-Creme 15
Cremedahlien aus Buttercreme spritzen 67
Cremekorb mit Rosen 62
Cremerosen 66

Einfache Buttercreme 15
Eisbär 87
Eiskristallmuffins 29
Englischer Früchtekuchen 12
Erdbeertorte mit Kokosrand 37

Fische und Seepferdchen 53
Fondantkristalle 23
Früchte aus Marzipan formen 88
Früchtekuchen, englischer 12

Geburtstagstorte 38
Geschenkpäckchen 21
Girlanden aus Buttercreme 21
Girlanden-Torte 71
Gitter aus Marzipan formen 91
Gitterkuchen 91
Gittermuster aus Buttercreme spritzen 63
Glasierte Zitronen-Fours mit Osterglocken 33
Glasur, marmorierte 48
Glasuren 48–55
Glückskäfer 87
Glücksschwein aus Marzipan formen 86
Grundrezepte 12–17
Gugelhupf mit Schoko-Pistazien-Spiralen 43
Gugelhupf mit Schokolinsen 55

Herz-Petits Fours mit Glasur 54
Herz, rosa 92
Himbeerglasur mit Blütenmotiv 50
Hochzeitstorte mit Cremedahlien 67
Hochzeitstorte mit Margeriten 60
Hochzeitstorte mit Ringen 58
Hochzeitstorte mit Spitzenmuster (Spitzentraum) 57
Hochzeitstorte mit Tauben 59
Hochzeitstorte 4-stöckig, rosa 61

Icing-Mix 14
Icing- oder Blütenbaiser 30–35

Kakaostern 47
Karamell 72–79
Karamell-Fäden 73
Karamell-Füße, rote 77
Karamellisierte Erdbeeren 79
Karamellisierte Physalis 78
Karamellisierte Trauben 72
Karamellsplitter-Torte 74
Karo-Kuchen 46
Kekse mit Guss überziehen 52
Knetteig 13
Kokos-Berg mit Kerzen 36
Kokosglasur mit Punkten 51
Kokosherz mit Scherenschnittmuster 44
Kokoskuchen 14
Kokosspäne 36
Königskuppeln 29
Korbgeflecht aus Buttercreme spritzen 65
Korbmuster aus Buttercreme spritzen 62
Kordelschleife aus Fondant formen 21
Kringeltorte 69
Kuchen mit Streifenmuster und Margeriten 19
Kuppel mit Streusel-Buchstaben 40
Kuvertüre temperieren 16

Läuterzucker 15
Lilienblüten aus Icing-Mix 30
Lilienblütentorte 30

Maiglöckchen aus Spritzguss 56
Maiglöckchentorte 56
Mandelbaiser 14
Mandelherz mit Stiefmütterchen und Vergissmeinnicht 25
Mandelkuchen mit Bänderrand 64
Mandelkuchen oder Mandelmuffins 14
Margeriten aus Spritzguss 60
Margeriten groß aus Zuckerteig 20
Margeriten Petits Fours 20
Marmorierte Glasur 48
Marzipan 86–93
Marzipan-Model-Torte 90
Marzipanzahlen 38
Minzplättchen-Torte 76
Muffins mit Pflaume 89
Muster mit Sterntüllen 17

Nelkenblüten aus Marzipan formen 93
Nelkentorte 93
Nudelnest 42
Nusskuchen 14

Osterglocken aus Baiser 33
Osternest 28

Petits Fours mit Lilien 31
Petits Fours mit Petunien 31
Pistazien-Karamell 75

Quadrat-Torte 68

Rollfondant 16
Rollfondant oder Zuckerteig 18–23
Rosa Herz 92
Rosa Hochzeitstorte 4-stöckig 61
Rosen aus Marzipan formen 92
Rosen aus Rollfondant 18
Rosenblätter aus Buttercreme spritzen 66
Rosenblätter mit Kuvertüre bestreichen 80
Rosenblüten aus Icing-Mix oder Baiser spritzen 61
Rosenblütenblätter mit Gummi arabicum 24
Rosentraum 18
Rosetten aus Buttercreme spritzen 70
Rote Karamell-Füße 77
Rote Zuckerherzen 19
Schneeberge mit karamellisierten Physalis 78
Schoko-Früchtekuchen mit Zuckerfrüchten 26
Schoko-Kästchen mit karamellisierten Erdbeeren 79
Schoko-Kirschberg 84
Schoko-Kuchen mit Kakaostern 47
Schoko-Pistazien-Spiralen 43
Schokokuchen mit Karamell-Trauben 72
Schokolade 80–85
Schokoladen-Buttercreme 15
Schokoladen-Knetteig 13
Schokoladen-Petits Fours mit Streifendekor 23
Schokoladenblätter-Torte 80
Schokoladenförmchen 81
Schokoladengarnitur, vergoldete 81
Schokoladenkorb mit Marzipanfrüchten 88
Schokoladenkuchen oder Schokoladenmuffins 13
Schokoladenröllchen schaben 82
Schokoladenspäne abschaben 84
Schokoladenteile mit Blattgold belegen 81
Schokorand 83
Schokotorte mit Glücksschwein 86
Spitzenmuster 57
Spitzenornamente aus Schokolade spritzen 85
Spritzbeutel füllen 17
Spritzguss 16
Spritzguss 56–61
Spritztüte 16
Stiefmütterchen aus Baiser 32
Stiefmütterchen aus Fondant 22
Stiefmütterchen-Muffins 32
Stiefmütterchen-Töpfe 22
Streublümchen aus Icing-Mix oder Baiser 35
Streublümchen-Schokokuchen 35
Streusel-Buchstaben 40

Tartufo 39
Tauben spritzen 59
Tiere (Zoo) 52
Torte einstreichen 17
Torte mit Spitzen-Ornamenten 85

Werkzeuge und Zutaten 8–11

Vanille-Buttercreme 15
Veilchen aus Icing-Mix 34
Veilchenkissen 34
Vergissmeinnicht-Rosetten-Torte 70
Vergoldete Schokoladengarnitur 81

Zebrakuchen 41
Zebramuster aus Streuseln 41
Zitronen- und Orangenrosen 27
Zitronen-Buttercreme 15
Zitronen-Fours mit Osterglocken, glasierte 33
Zitronenglasur mit Herzspirale 49
Zitronenherz mit Tagetes (Studentenblumen) und Nelken 25
Zitronenkuchen mit Gittermuster 63
Zitronenkuchen mit Schokorand und Baiserhaube 83
Zitronenkuchen oder Zitronenmuffins 14
Zitronentorte mit Rosenblütenblättern 24
Zucker-Ostereier 28
Zuckerblüten und -früchte 24–27
Zuckerfrüchte mit Gummi arabicum 26
Zuckerherzen, rote 19
Zylinderkuchen 45

Für Fragen, Vorschläge oder Anregungen stehen Ihnen der Verbraucherservice der Dr. Oetker Versuchsküche Telefon: 0 08 00 71 72 73 74 Mo.–Fr. 8:00–18:00 Uhr, Sa. 9:00–15:00 Uhr (gebührenfrei in Deutschland) oder die Mitarbeiter des Dr. Oetker Verlages Telefon: +49 (0) 521 5206 50 Mo.–Fr. 9:00–15:00 Uhr zur Verfügung. Schreiben Sie uns: Dr. Oetker Verlag KG, Am Bach 11, 33602 Bielefeld oder besuchen Sie uns im Internet unter www.oetker.de. oder www.oetker-verlag de.

UMWELTHINWEIS Dieses Buch und der Einband wurden auf chlorfrei gebleichtem Papier gedruckt. Die Einschrumpffolie – zum Schutz vor Verschmutzung – ist aus umweltfreundlichem und recyclingfähigem PE-Material.

REDAKTION Carola Reich, Annette Riesenberg

TITELFOTO Walter Cimbal, Hamburg
INNENFOTOS Walter Cimbal, Hamburg
FOODSTYLING Hermann Rottmann, Hamburg

REZEPTENTWICKLUNG UND BERATUNG Hermann Rottmann, Hamburg

WIR DANKEN FÜR DIE FREUNDLICHE UNTERSTÜTZUNG Städter GmbH, Grünberg

GRAFISCHES KONZEPT fuchs-design, Sabine Fuchs, München
FOTOGRAFISCHES KONZEPT Walter Cimbal, Hermann Rottmann, Hamburg
TITELGESTALTUNG fuchs-design, Sabine Fuchs, München

REPRODUKTIONEN Repro Ludwig, Zell am See, Österreich
SATZ Final Art, Manfred Karg, München
DRUCK UND BINDUNG Mohn media Mohndruck GmbH, Gütersloh

ISBN 978-3-7670-0991-2